창작조리를 위한 분자 요리

Molecular Cuisine

함 동 철

㈜지구문화
JIGU CULTURE Co.Ltd

머리말

식량문제는 인간이 생존하는데 가장 기본이 되는 것으로서, 전 세계의 걱정거리 중에 하나이고 모든 나라가 그 대책에 고심하고 있다. 그러나 기후변화는 만만치 않고 그 미래 또한 불투명한 상태로 도래하는 중이다. 따라서 기온 대체식량으로 곤충이라든가 유전자 변이를 이용한 대형 과실이나 뿌리 식재료 등을 개발하는 중이다. 향후 어쩌면 공기와 물로서 먹거리를 개발하는 단계에 까지 이를지도 모르겠다. 이미 생명력의 한계가 알 수 없는 곤충에 대한 연구는 상당히 진전되어, 실용화되고 있으나, 기존 요리법을 능가하는 요리는 아직껏 없었다. 그래서 새로운 요리법을 연구하던 중 분자요리에 관심을 가지게 되어 연구하게 되었다.

음식에 대해 공부하며 조리한 지가 벌써 35여년을 넘어서고 있다. 그간 여러 가지 음식을 요리하면서, 인간에게 음식이란 다른 어느 동물들에게서도 찾을 수 없는 풍요의 상징임을 깨달았다. 인간에겐 원시시대부터 불을 이용하는 두뇌를 가진 영리한 동물이기 때문이었다.

그러나 시대의 변천에 따라, 기존의 요리법인 볶고, 지지고, 삶고, 굽고, 찌는 요리과정이 재료의 분자배열이 균형을 잃기 때문에, 식재료의 고유맛이 떨어지는 경향이 있었다. 인간은 여기서 기존의 음식조리 과정을 뒤엎는 혁명적인 조리법이 필요한 시점을 알아차렸다. 기존의 인식된 모양과 맛이 전혀 다른 음식을 위한 낯선 모험을 하였다. 원래의 원재료 맛과 향을 그대로 유지하면서 형태만 원하는 대로 바꾸어, 색다른 모양의 구조로 만들어 내는 분자요리이기 때문이다.

우선은 음식요리의 기본인 '익힌다'의 개념에서, 기존 재료를 화학적 물리적 반응을 일으키며 분자 미식학을 이용한 조리방법, 새로운 조리기구, 재료 등을 이용한 요리로 진보한 셈이다. 즉 물리와 화학적으로 인한 식재료의 변형을 요리 학으로 제시하는 순간이다. 이것은 가히 음식세계에 있어서 창조적인 한 단계 전환으로의 시점이라 아니할 수 없다.

이번에 소개하는 분자요리는 앞으로 많은 질문과 과제를 안고 출발하게 될 것이다.

그러나 향후 인간의 먹거리에 대한 욕망과 필요에 따라, 수많은 재료에 대한 요리법은 지속적인 발전이 필요하다고 본다. 이와 같이 초보적인 분자요리 개발을 시점으로 요리연구는 끊임없는 진보를 하면서, 우리 인류에게 유용한 세계를 제시하리라 믿는다.

한 가지 당부 드린다면 초보자는 분자요리를 먼저 습득하기 보다는, 정통요리를 배운 후 정통요리에 분자요리를 적절히 부분적으로 이용한다면, 자신만의 특별한 노하우로 경쟁력이 있을 것이다.

이 책은 창작요리를 위한 기초적인 내용으로 구성되어있으며, 분자요리를 일정 부분 접목시켜 구성된 책이다. chapter Ⅰ에서는 인간이 불을 사용한 시대, 서양 요리의 시대 특징, 현대 요리 및 창작조리에 대해서 서술하였고, chapter Ⅱ에서는 분자요리 개념과 특징, 수비드 요리, 분자요리 기구, 하이드로콜로이드의 특징에 대해 서술하였다.

chapter Ⅲ에서는 창작 기초 조리과학, 열을 이용한 조리, 물을 이용한 조리, 용매로서의 물, 조리방법 등에 대해서 기술하였으며, chapter Ⅳ에서는 분자요리를 만들어 볼 수 있도록 수프, 애피타이저, 생선요리, 가금류요리, 육류요리, 갑각류요리, 디저트 등으로 구성하였다.

본서는 외국 전문요리 서적과 인터넷, 논문, 국내 전문요리 서적, 저자의 학문적인 것과 현장 경험 사례를 바탕으로 서술하였습니다. 특히 창작조리를 위한 분자요리 기초과정으로 구성된 서적으로 조리를 배우는 많은 학생들에게 좋은 지침서가 되었으면 합니다.

부족한 부분이 많이 있으므로 향후 많은 실험과 연구를 통해서 보다 품질 높은 전문서적으로 만들도록 노력하겠습니다. 본서가 출간 되도록 도움을 주신 여러 분들께 진심으로 감사드립니다.

기해년 새봄

저자 함 동 철

차 례

Chapter I 세계 요리의 역사 이해

1. 인간이 불을 사용한 시대 ······ 10
2. 서양 요리의 시대적 특징 ······ 12
3. 현대 요리의 발전과 창작 요리 ······ 15

Chapter II 분자 요리의 이해

1. 분자 요리의 역사 ······ 18
2. 분자 요리의 개념 ······ 21
3. 분자 요리의 특성 ······ 26
4. 수비드 요리의 이해 ······ 27
5. 분자 요리의 조리기구 ······ 34
6. 계량 단위와 기구 ······ 46
7. 분자 요리의 창작 기법 ······ 48

Chapter III 창작 기초 조리과학

1. 조리의 기초과학 ······ 60
2. 열을 이용한 조리 ······ 63
3. 물을 이용한 조리 ······ 65
4. 용매로서의 물 ······ 66
5. 분산상태 ······ 67
6. 조리방법 ······ 69

Contents

Chapter IV 분자 요리 실습

1. 하이드로 콜로이드를 이용한 창작요리의 이해

01 하이드로 콜로이드를 이용한 조리 ···· 80
다이렉트 기법

02 하이드로 콜로이드를 이용한 조리 ···· 83
리버스 기법

03 망고 주스와 우유를 이용한 써니 사이드업 달걀요리 ··· 86
Sunny Side-up with Mango Juice and Milk

04 아가를 이용한 간장, 비트, 당근, 오렌지, 치즈 누들 만들기 ··· 88
Soy Noodles Beet, Carrot, Orange, Cheese with Agar

05 아가와 기름을 이용한 캐비어 요리 ···· 90
Caviar Dishes with Agar and Olive Oil

06 맑은 토마토 주스로 맥주 표현하기 ···· 92
Refined Tomato Juice Expressing beer

2. 수프(Soup) 만들기

01 올리브오일 수프 요리 ···· 94
Olive Oil Soup

02 감자 뇨키를 곁들인 비프 콘소메 수프 ···· 96
Beef Consommé Soup with Potato Gnocchi

03 코코넛 밀크와 홍시감 콘소메 수프 ···· 98
Consommé Soup with Coconut Milk and Persimmon

04 당근과 코코넛 밀크로 거품을 낸 수프 ···· 100
Soup with Carrots and Coconut Milk Bubble

05 압력솥 추출법을 이용한 랍스터 비스큐 수프 ···· 102
Lobster Bisquc Soup from Pressure Cooker

3. 애피타이저(appetizer)

01 와사비 폼소스 ···· 104
Wasabi foam Sauce

02 레몬 소스 ···· 104
Lemon Sauce

03 유자주스와 레몬주스 시트를 이용한 생굴 라비올리 ···· 106
Oyster Ravioli with Citron Juice and Lemon Juice Sheet

04 그린허브 소스, 수비드 콘피오일, 꿀캐비어, 쉬라즈 와인과 비네거를 라비올리 시트를 곁들인 성게알 ···· 108
Sea Urchin Ravioli with Green Herb Sauce, Suvid Confio, Honey Caviar, Shiraz Wine and vinaigrette

05 트러플 머시룸 오일 라비올리를 곁들인 스칼롭과 바질소스 ··· 110
Ravioli with Truffle Mushroom Oil and Scallop with Basil Sauce

06 레몬주스로 코팅한 오이스터와 칵테일소스 라비올리 ··· 112
Ravioli with Cocktail Sauce Oysters Coated with Lemon Juice

07 모짜렐라 치즈 속에 토마토소스를 채운 카프리제 ···· 114
Caprese Saled with Mozzarella Cheese and Tomato Sauce

08 망고와 석류, 살구 라비올리와 과일과 채소 계절 샐러드 ···· 116
Fruit Ravioli(Mango, Pomegranate, Apricot) and Seasonal

09 차가운 양상추 소스와 홀스래디시 소스를 곁들인 수비드 연어 ···· 118
Sous vide Cooked Salmon with Cold Lettuce Sauce and Horseradish Sauce

차 례

10 토마토 라비올리, 감 라비올리, 그린피스 라비올리, 블루치즈 젤라와 송로버섯, 오징어 먹물 파우더 소스를 곁들인 시실리 풍 수비드 오징어 ······ 120
Ravioli(Tomato, Persimmon, Green Peas), Blue Cheese Gelato, and Sous vide Cooked Squid with Truffle, Squid Ink Powder Sauce

11 장미향과 와사비 간장 시트를 곁들인 연어와 참치 ······ 123
Salmon and Tuna with Rose Flavor and Wasabi Soy Sauce Sheet

12 홀스래디시 무스와 케이퍼 캐비어, 그리고 단호박 퓌레를 곁들인 훈제연어 ······ 126
Smoked Salmon with Horseradish Mousse, Caper Caviar & Pumpkin Puree

13 포트 와인에 절인 배와 유자 소스, 블루치즈 거품 소스를 곁들인 도미 요리 ······ 128
Sea Bream with Marinated Pear and Citron Sauce in Port Wine with Blue Cheese Bubble sauce

14 트러플 머시룸 오일 향과 랍스터 향을 곁들인 토마토 스시 ··· 130
Tomato Sushi with Truffle Mushroom oil and Lobster flavor

15 트러플 기름 파우더와 오징어 먹물 겔 소스, 비스큐 소스와 파르메산 거품 소스를 곁들인 수비드 랍스터 ······ 132
Sous Vide Cooked Lobster with Truffle Oil Powder and Squid Ink Gel Sauce, Bisque Sauce and Parmesan

16 아보카도 라비올리, 구운 양파 라비올리, 망고겔소스, 리슬링(Riesling) 와인과 바질에 절인 문어구이 ··· 135
Ravioli(Avocado & Roasted Onion) with Mango Gel Sauce, Riesling Wine and Octopus with Marinated Basil

17 샤르도네 와인과 레몬 주스 그리고 조개 스톡 시트로 감싼 수비드 랍스터 ······ 138
Sous-vide Cooked Wrapped Lobster with Chardonnay Wine, Lemon Juice & Shell Stocked Sheet

18 덕 베이컨파우더와 오렌지 겔 소스와 단호박 퓌레, 비트 겔소스 마데라 와인소스를 곁들인 오리 가슴살 구이 ··· 140
Grilled Duck Breast Steak with Duck Bacon Powder, Orange Gel Sauce, Pumpkin Puree, Beet Gel Sauce and Madera Wine Sauce

19 마늘 퓌레와 파인애플 라비올리 구운 샬롯 씨 겨자 소스와 된장 거품 소스를 곁들인 수비드 통 삼겹살 ······ 143
Garlic Puree, Pineapple Ravioli and Sous Vide Cooked Pork with Grilled Onion Mustard Seed Sauce and Miso Foam Sauce

20 수비들을 이용한 고르곤졸라 치즈 소스와 단호박 퓌레 소스, 머시룸 둑셀을 곁들인 치킨 가슴살 ······ 147
Sous Vide Cooked Chinken Breast with Gorgonzola Cheese Sauce, Mashed Pumpkin Sauce, and Mushroom Duxelles Stuffing

21 마늘과 배 시트와 아보카도, 참기름 라비올리를 곁들인 소고기 육회 ······ 150
Korean Style Raw Beef with Garlic and Pear Sheets, Avocado and Sesame Oil Ravioli

22 단호박 퓌레, 당근 겔, 비트 겔, 화이트 아스파라거스 퓌레, 시금치 젤라틴, 갈릭 파우더 모렐 버섯 소스를 곁들인 수비드 소고기 안심구이 ······ 152
Sous-vide Cooked Beef Tenderloin Steak with Pumpkin Puree, Carrot Gel, Beet Gel, Asparagus Puree, Spinach Gelatine, Garlic Powder and Morel Mushroom Sauce

23 민트 시트와 포트 와인소스를 곁들인 양갈비 구이 ··· 154
Grilled Lamb Chop with Mint Sheet and Port Wine Sauce

24 설탕속의 과일 젤리와 초콜릿 ······ 157
Fruit Jelly and Chocolate in Sugar

Contents

25 로제 와인과 브랜디를 곁들인 석류와 마, 산딸기 거품 젤리 ···· 158
Pomegranate with Rosé Wine and Brandy, Raspberry Bubble Jelly

26 라스베리 설탕 구에 치즈 무스를 채우고 키위 소스를 곁들인 디저트 ···· 160
Raspberry Sugar Dessert filled Cream Cheese Mousse with Kiwi Sauce

27 살구와 망고 민트를 곁들인 과일 라비올리 디저트 ··· 162
Fruit Ravioli Dessert with Apricots and Mango Mint

28 초콜릿과 설탕을 이용한 목화솜 디저트 ···· 164
Cotton Candy Dessert with Chocolate

29 초콜릿 구를 이용한 치즈 무스 ···· 166
Cheese Mousse with Chocolate Balls

30 이소말트 구를 이용한 프로마쥬 블랑치즈 무스와 아이스크림 ···· 168
Peuromajyu Cheese mousse & Ice cream with Isomalt balls

31 쿨로미에 치즈 무스와 과일과 초콜릿 ···· 170
Coulommiers Cheese Mousse with Fruit and Chocolate

32 풍미가 좋은 가프롱 치즈와 제주 감귤 라비올리 ···· 172
Delicious Gaperon Cheese and Jeju Mandarin Ravioli

참고 문헌 / 174

찾아 보기/ 176

Chapter

I

세계 요리의 역사 이해

1. 인간이 불을 사용한 시대
2. 서양 요리의 시대 특징
3. 현대 요리 및 창작조리

Chapter I
세계 요리의 역사 이해

1. 인간이 불을 사용한 시대

(1) 구석기 시대

인간은 본능적으로 자연에 대한 극복의 의지를 지니고 있으며, 생존하기 위한 수단으로 조금씩 지능이 발달하면서 자연현상으로 일어나는 불을 이용할 줄 알게 되었다.

인간이 언제부터 불을 사용하기 시작하였는가에 대해서는 분명하지는 않았지만 구석기시대(약 20~60만 년 전)로 추측된다고 연구 학자들은 말한다. 특히 먹을 것을 해결하기 위해 사냥을 하거나 채집을 하였으며, 정착해 살면서 농사짓는 방법을 모르기에 무리지어 이동하며 동굴에서 생활하게 되었다. 즉 기원전 11000년~18000년 호모 사피엔스(Homo sapiens sapiens) 관한 최근 연구에 의하면 30만~40만년 전으로 보인다고 라이브사이언스 닷컴이 보도했다.

구석기 시대에는 여러 가족들이 모여 살았으며, 먹을 것을 찾아 산과 들에서 나무 열매를 채집하여 먹었으며, 강이나 바다에서 물고기도 잡고, 산에서 짐승을 사냥해 고기를 얻곤 하였다. 그래서 한곳에 터를 잡거나 집을 지을 필요가 없었던 것은 짐승이나 비바람으로부터 몸을 지키면서 자고, 먹고, 쉴 수 있는 쉼터만 있으면 되었기 때문이었다. 그래서 선택한 곳이 바로 자연적으로 생겨난 동굴에서 생활하게 된 것이다. 물고기와 짐승을 사냥해 얻은 고기를 자연적으로 발생한 불을 이용하여 익혀먹는 것을 깨우치게 되어 불을 사용하게 된 것이다. 그 사례를 살펴보면 중국의 저우커우뎬[周口店] 동굴과 남아메리카 원더베르크(Wonderwerk) 동굴 등에서 불을 사용한 지층이 발견되었다는 연구보고가 있다.

(2) 신석기 시대

인간이 돌과 나무 등을 이용하여 불을 일으킬 수 있는 기구를 만들어 사용한 시대는 신석기 시대였다. 불을 다룰 줄 알았기 때문에 불을 이용해서 음식물을 익혀 요리하게 되어 소화흡수를 돕고 영양섭취를 골고루 할 수 있어 인간 삶에도 많은 영향을 주었다. 우연한 기회에 불에 익혀 먹은 고기 맛이 생고기 보다는 맛과 먹기가 좋다는 사실을 알고 다양한 조리법으로 불을 이용하게 되었다.

또한 불의 발달로 점토(粘土)를 불로 구워서 만든 토기들로 인해 다양한 요리를 만들 수 있었으며, 음식을 저장하는 데도 유용하게 사용되었다. 흙을 이용한 옹기 개발로 요리방법이 구워만 먹던 요리에서 끓이거나 삶아 먹는 방법으로 국물이 있는 음식으로 발전하게 되었다.

음식의 질은 인간의 경험과 지능이 높아감에 따라 종류도 다양해지고 조금씩 발전하게 되었다. 또한 조약돌을 동물의 고기와 내장에 넣고 다른 식재료들과 함께 물을 넣어 오랜 시간 온도 유지를 통해 요리하는 방법은 지금의 수비드 요리의 시발점 되었다. 현대사회에서도 이 요리법은 사용되고 있다.

(3) 청동기, 철기 시대

인간은 마침내 아주 높은 온도의 불을 이용해서 금속도구들을 만들어 생활에 직접 이용할 수 있는 기술력으로 석기시대에서 금속기시대로 발전하게 되었다.

그러나 청동기 시대에는 주석이 부족하여 귀족들만 사용할 수 있었고 일반인들은 사용하기 어려운 귀한 금속이었다. 철기시대가 되면서 일반 평민들도 농기구, 생활도구 등을 사용할 수 있었으며, 특히 조리도구를 개발하여 다양한 음식들을 만들어낼 수 있어 인간들에게 풍부한 영양공급을 제공하는데 큰 역할을 하였다.

2. 서양 요리의 시대적 특징

(1) 고대 그리스

고대 그리스의 환경을 살펴보면 기후가 건조하기 때문에 척박한 땅에서도 잘 자랄 수 있는 양배추와 작은 콩(렌틸 lentils) 등의 식재료를 이용한 음식들이 발달하였고 지리학적으로 바다가 근접해 있어서 해산물을 이용한 요리와 소금에 절이는 염장법을 이용한 요리 등이 많이 발달하였다. 특히 고대 그리스 인들은 하루에 네 끼의 식사를 하였기 때문에 주위에서 생산되는 여러 식재료들로 다양한 음식들을 즐기며 살았다.

특히 그리스인들은 페르시아 사람들로부터 다양한 요리법을 전수받기도 하였는데, 그리스인들의 네 끼 식사를 살펴보면 아침 또는 아크라티스마(Acratisma), 저녁이나 아리스톤(Ariston) 또는 데이폰(Deiphone), 헤스페리스마(Hesperisma), 렐리시(Relish), 그리고 만찬 도르페(Dorpe) 등이 있다. 다양한 음식이 발달한 이유는 환경적 요인인 기후와 바닷가 그리고 노예제도로 요리를 담당하는 사람이 있었기에 분업화로 인하여 발전하게 되었다.

(2) 로마 시대

로마시대 주 요리는 육류와 보리와 콩가루를 이용한 죽 종류를 많이 먹었으며, 서양요리가 발달하게 된 시기이다. 특히 요리가 발달하게 된 요인은 권력자, 정복자, 귀족들이 매일 같은 연회행사로 요리에 대한 조리법과 기본지식을 표준화하였기에 자연스럽게 발달하게 되었다. 그리고 실크로드를 통한 아시아인들과의 교류로 중국의 면 요리를 비롯해서 다양한 음식 요리법이 전파되어 미식가들에 의해 연회행사에 이용되었으며 많은 사람들이 이를 즐겼다.

또한 육류요리, 죽, 면 요리, 제빵기술 등이 발달하는 시기이기도 하였으며 지금도 로마시대의 요리법을 이용한 요리들이 프랑스나 이태리 등 유럽 유명 레스토랑에서 시행되고 있으며 그 요리가 판매되고 있다.

(3) 중세의 요리

중세의 요리(476~1456)는 고대 그리스의 영향을 받았으며, 향신료를 이용한 요리들이 더욱 더 확대되기 시작하였다. 그 시대에 주로 사용했던 향신료는 클로브(Clove), 넛맥(Nutmeg), 샤프란(Saffron), 생강(Ginger) 등이며, 소스를 만들 때 버흐 주스(Ver jus 덜익은 포도 주스)나 식초 또는 레몬이나 오렌지 주스를 사용하기도 하였다.

그들은 보다 섬세하고 더 진보된 그들만의 요리법을 개발하였으며, 요리 식재료는 해산물, 돼지고기, 조류, 가금류, 채소, 과일 등을 주로 사용하였다. 요리는 짜고 단맛을 좋아했으며 디저트로 과일을 제공했다. 또한 식사예절에서 손을 씻는 것과 포크를 사용하는 식사예법이 있었다.

(4) 17C~19C의 요리

16세기경 프랑스의 식문화는 그리 넉넉하지 않았다. 그러나 1533년 이태리 카트린스 드 메디치(Catherine de Médicis, 1519~1589) 공주가 프랑스 국왕 앙리 2세(1519~1559)와 결혼하면서 이태리 식문화가 프랑스에 많은 영향을 미치게 되었다.

17세기에 들어서서 프랑스 요리는 발전하게 되었으며 다른 나라 식문화와 다른 색깔을 띠게 된다. 예를 들면 생강이나 샤프란을 사용하던 향신료를 후추 등으로 사용하였으며 소스를 만들 때 룩(Roux)를 이용하여 고소한 맛을 내기도 하였고, 육류에서 주스(Jus)를 이용하여 소스를 만들어 사용하기도 하였다.

18세기는 17세기보다 더 체계적이고 현대 요리의 기초가 되는 많은 소스가 개발되면서 두 가지 형태로 나뉘어 발달하였다. 살펴보면 쿨리(Coulis)와 부용(Bouillon)이 결합하여 로베르트(Rovert)가 파생되었으며, 홀란다이소스(Hollandaise sauce)가 이때부터 사용하게 되었다.

19세기에 들어서서 프랑스는 많은 변화로 소득이 증가하고 식문화가 발전하게 되어 귀족의 요리사로 활동하던 유명한 주방장들이 부유층 상대로 레스토랑을 개업하여 영업을 시작하게 된다. 이때부터 레스토랑에서 다양한 소스들이 개발되었으며 전통적인 프랑스 요리가 시작되는 시기이기도 하다. 소스를 살펴보면 마요네즈(Mayonnaise), 벨루테(Veloute), 토마토 소스(Tomato sauce), 홀란다이소스(Hollandaise sauce) 등을 선보이게 되었다.

이 당시 프랑스 요리의 대가인 마리 앙뜨완 카렘(Marie Antoine Careme, 1783~1883)이 4가지의 기본 소스인 에스파뇰(Espagnole), 벨루테(Veloute), 알망데(Allemonde), 베샤멜(Bechamel)을 활용하여 모체 소스(體, mother sauce)와 파생 소스(derivation) 개념을 체계화하였다. 19세기 프랑스 음식의 대표적인 요리 중 세트피스는 건축 풍으로 높게 쌓아 올린 케이크를 말하는 것으로 이것은 대개 음식 조각상으로 연회 마지막에 서빙되며 먹을 수 있는 것이었다.

세트피스는 솜사탕, 발효기 등 제과제빵 분야에서 사용하는 재료 및 기술로 껌이나 트래거캔스 고무 같이 모양을 잡아주는 재료를 사용해 자연풍경, 건물, 작은 도시 등을 만들어내는 것이다. 제과제빵에서 사용하는 천연재료와 비천연적인 재료의 융합으로 건축공학이라는 과학적 원리를 활용한 점은 오늘날 분자조리에서 시도하는 기술과 유사하다.

3. 현대 요리의 발전과 창작 요리

(1) 현대 요리의 발전

20세기에 들어서 마리 앙뜨완 카렘이 체계화한 요리방법을 에스코피에(Escoffier)가 발전시켰는데, 그는 주방 시스템을 처음 만들어 도입한 창시자이기도 하다. 또한 음식전표를 만들어서 표준화하여 레스토랑을 운영하는데 좋은 성과를 이루었으며, 러시아식 서비스 방식을 도입하여 지금에 이르는 서비스 시스템을 체계화하였다. 이처럼 서양요리의 역사는 매우 오랜 세월 동안 발전하여 21세기인 지금에 이르러 세계 호텔관광산업에 많은 영향을 주고 있다.

1870년대 리차즈(Ellen Henrietta Richards)는 공과대학을 졸업한 후 'The chemistry of Cooking and Cleaning'이라는 제목으로 자기만의 요리세계를 소개하였다. 리차즈가 공대의 화학 수업 프로그램을 설계하고 연구를 수행한 이유는 화학과 해부학 및 다른 학문을 통해서도 다양한 요리를 할 수 있다는 능력을 보여주기 위함이었으며, 이 같은 노력이 요리의 발달에 많은 영향을 미친 것으로 나타났다.

1970년대 유행한 누벨퀴진(nouvelle cuisine)과 분자미식학의 유사성은 모두 창조성과 혁신성을 담아내었다는 점이다. 오래전에는 고객들이 먹고 싶은 음식을 요구하여 직접 메뉴선택을 주도했다면, 누벨퀴진과 분자미식학은 요리사들이 창작메뉴를 개발해 주도적으로 이끌어 간다는 사실이다.

그 사례를 살펴보면 지방요리에 대해 설명하면서 가볍게 먹을 수 있는 요리와 정찬 개념의 요리들 조합인 세트메뉴(Set menu)를 펼쳐 보였으며, 새로운 음식들을 만들어 내기 위한 조리방법과 조리기구 들이 개발되었다. 누벨퀴진은 음식에 여러 가지 소스와 복잡한 부분들을 개선시키면서 과거요리에 대하여 부정적 반응을 보였지만 분자 조리에서의 복잡성은 수용하였다. 예를 들면 한 접시에 작은 조각으로 2~3종류의 음식을 담고 다양한 가니시(Garnish)를 곁들이고 여러 가지 소스로 맛을 냈으며, 접시위에 자기만의 창작 음식을 담아 표현하기도 하였다.

(2) 창작 요리의 흐름

창작 조리는 요리의 독창성과 개성이 중요하므로 식품공장에서 다량 생산되기보다는 고객이 주문해야 생산되는 전형적인 외식산업의 형태로 이루어지는 고객 구매 방식이다.

식품제조와 외식산업의 요리 생산과정은 많은 차이가 있다. 창작의 기원과 본질은 조리하고자 하는 요리사의 생각과 새로운 식재료 등 다양한 요인의 영향에 따라 달라지기도 하며 요리의 성질과 목적에 따라 다르게 나타난다.

철학가인 플라톤(Platon)과 아리스토텔레스(Aristoteles)는 자연의 모방을 예술창작의 본질로 보았으며, 모방설은 서구 예술사상을 지배해 온 대표적 학설이다.

다른 학자들도 창작이라는 것은 현상학적 미학에서는 독립된 심리과정으로 보는 것이 아니라 아름다움을 보고 체험하면서 창작성이 생성된다는 것이며, 현대에 들어서 아름다움에 대한 체험과 창의성은 본질이 같은 원리라는 것이다.

즉 창작조리는 많은 체험을 통해서 얻은 조리기술을 밑바탕으로 기존의 요리법이 아닌 새로운 재료와 IT 발달에 따른 새로운 주방 기기로 창의적인 요리를 표현하는 것을 말한다.

예를 들면 요즘 분자 요리가 많은 소비자들에게 호평을 받고 있는 것도 기존의 요리와 다르기 때문에 호기심을 갖고 구매하는 것이다. 그리고 먼 훗날 지구의 오염으로 인해 식량이 부족할 경우에 인간의 단백질 섭취를 위해 곤충이 우리의 식탁에 오를 수도 있다고 하였다. 이처럼 곤충을 이용한 새로운 요리들이 이 창작 요리 범주에 속할 것이다.

Chapter

Ⅱ

분자 요리의 이해

1. 분자 요리 역사
2. 분자 요리의 개념
3. 분자 요리의 특성
4. 수비드 요리의 개념
5. 분자 요리의 조리기구
6. 계량 단위와 기구
7. 분자 요리의 창작기법

Chapter II
분자 요리의 이해

1. 분자 요리의 역사

우리나라에서 '분자 요리'라고 하면 일반 소비자들에게는 생소할 것이다. 요리에 관심이 있거나 또는 조리를 전공하는 사람들은 개념은 몰라도 '분자 요리'라는 것을 들어서 알고 있는 정도이다. 특히 조리를 전문적으로 전공하는 학생 또는 현재 조리사로 근무하는 분자 요리 동호회 정도에서 연구 중이며, 소수이지만 분자 요리를 해외에서 공부한 셰프(Chef)들이 조금씩 등장하고 있다.

몇몇 전공인들은 공부를 마치고 입국하여 젊은 조리학도들에게 분자 요리에 대해 가르치고 있으며 분자 요리에 대한 호기심을 요리로 직접 구현하여 좋은 반응을 얻고 있다. 또한 TV 매체를 통해 유명한 해외 전문가의 분자 요리 만드는 장면을 보고 신기하다는 반응으로 많은 관심을 받고 있다.

세계 분자 요리가 소비자에게 대중적으로 알려진 것은 1980년대 초부터이다. 분자 요리의 역사가 매우 짧기 때문에 현재로서는 대중화되지는 않았다. 그러나 앞으로 분자 요리는 마술같은 신비함 때문에 대중에게 좋은 반응을 얻을 것으로 본다. 처음에는 분자 요리라고 하지 않고 분자물리학요리라고 하였다. 분자조리의 시작이 물리 · 화학자들의 연구 활동에서부터 시작되어졌기 때문이다.

분자 요리를 처음 인용한 사람은 조리사가 아니라 물리학자에 의해 시작되었다. 요리에 관심이 많았던 물리학자들이 평소에 연구하던 실험실 기구와 물리와 화학적 측면을 이용하면 독특

한 음식이 만들어질 것이라는 호기심에서 다양한 식재료들을 이용하여 실험실에서 요리를 연구하게 되었던 것이다.

벤자민 톰슨(Benjamin Thompson, 1753년~1814년)과 커트 럼포드(Rumford)는 자연철학자이며, 실용학자로서 음식을 과학적으로 분석하여 요리에 필요한 스토브(Stove)를 발명하였으며, 이를 통해서 많은 요리를 과학적으로 발전시켰다.

특히 럼포트와 라부아지에(Antone Laurent & Lavoisier, 1743~ 1794)는 화학자로 육류와 가금류를 이용한 육수 중에서 탁하고 텁텁한 육수를 실험을 통해서 보다 좋은 품질의 맑은 육수로 개발하게 되었으며 이 육수로 다양한 음식과 접목시켜 품질 좋은 음식을 만들었다.

루이 파스퇴르(Louis Pasteur, 1822년~1895년)는 생명과학자로서 당시 인정을 받아 프랑스 왕이었던 나폴레옹 3세의 권유로 프랑스 포도주가 상하는 원인과 방지법을 연구하였으며, 오랜 연구 끝에 포도주를 60~65°C의 저온에서 몇 분 동안 끓여 박테리아를 박멸하는 저온 살균법을 처음 발견한 생명과학자이다. 지질학자 폰 리비히(Justus von Liebig)는 고기 추출물을 이용하여 부용 큐브(Buillon Cube)를 개발한 농 · 생명 화학자이다. 또한 루이 카미유 마이야르(Louis Camille Maillard)는 고기를 구울 때 화학적 변화가 일어나는 마이야르 반응(Maillard reaction)을 개발한 음식 화학자이며, 탄수화물과 아미노산이 고온에서 반응하여 아로마 분자를 발생시키는 사실을 증명한 생화학자이다.

1988년 헝가리 사람이며 영국의 옥스퍼드 대학 물리학자인 니콜라스 쿠르티(Nicolas Kurti) 교수와 프랑스의 화학자 에르베 티스(Herve This)가 식재료 변형에 관한 학술연구를 하면서 물리와 화학으로 인한 식재료의 변형을 '분자물리 요리학'(Molecular and pHysical Gastronomy)이라고 정의하였으며, 1998년 니콜라 커티스가 사망한 이후부터는 '분자 요리학'이라고 정의하였다.

분자 요리(molecular cooking)는 '분자미식학을 이용한 조리방법'이고, 분자미식학(molecular gastronomy)은 '조리는 물론이고 여기에 음식과학, 조리과학을 모두 포함하는 학문'이라고 정의할 수 있다.

최초로 '분자 요리'라고 정의한 에르베 티스

2. 분자 요리의 개념

(1) 분자 요리의 물리적 변화와 화학적 변화

분자미식학의 사전적 의미(Oxford English Dictionary)는 "과학을 이용하여 창조적이고 혁신적인 기술을 개발 · 이용하여 새로운 맛과 질감의 조화를 이룬 요리"라고 정의하였다.

기존의 요리법은 볶고, 삶고, 익히고, 굽고, 찌는 과정에서 재료의 분자배열이 균형을 잃기 때문에 식재료의 고유한 맛이 떨어지는 경향이 있었다. 그러나 분자 요리는 원재료 맛과 향을 그대로 유지하면서 형태만 원하는 대로 바꾸어 색다른 모양의 구조로 만들어 내는 방식이다.

분자 요리는 다시 분자미식학과 분자 요리로 세분화된다. 여기에서 분자미식학은 음식을 만들기 이전의 화학적 물리적 반응을 말하고, 분자 요리는 분자 미식학을 이용한 조리방법, 새로운 조리기구, 재료 등을 이용한 요리이다.

(2) 물리적 변화

물이 수증기로 변하거나 물이 얼음으로 변하는 것은 물리적 변화이다. 얼음을 녹이면 다시 물이 되고, 수증기도 차갑게 해서 응결시키면 다시 물이 된다. 즉 물과 얼음, 수증기는 서로 상태는 달라도 모두 물 분자로 이루어져 있다는 기본적인 성질은 변하지 않기 때문에 이를 물리적 변화라 한다.

물리적 변화는 그 물질을 이루는 분자들의 기본적인 성질이 변하지 않는 것이 특징이다.

예를 들면 설탕과 소금은 녹여서 설탕물과 소금물이 되어도 설탕의 단맛과 소금의 짠맛은 계속 유지된다. 그리고 물이 증발되면 다시 설탕과 소금으로 되돌아오는 성질을 가지고 있다. 이때에도 설탕과 소금물을 이루는 분자의 구조는 절대 변하지 않으므로, 이를 물리적 변화라고 한다.

(3) 화학적 변화

화학적 변화는 반응하기 전 물질의 성질이 반응 후에는 완전히 달라지는 것을 말한다. 즉 물은 산소와 수소 원자들로 구성되어 있으나, 그 물에 전기적 충격을 가하면, 물은 수소와 산소 기체로 분해가 된다. 분해된 결과물을 살펴보면 산소와 수소의 물질로 변화되어 전혀 다른 물질로 생성되어 있음을 알 수 있다. 이런 반응을 화학적 변화라고 한다.

예를 들어 달고나를 만드는 과정을 살펴보면 백설탕에 열을 가하면 무색에서 갈색으로 변하고, 소다를 넣으면 하얗게 부풀어 오르게 된다. 색이 변화하는 것은 설탕이 더 단 향을 내는 새로운 물질로 변화되었다는 것이고, 소다는 기체를 만들어 내면서 다른 물질로 바뀌게 된다. 이렇게 물질의 성질이 달라지는 변화를 '화학 변화'라고 한다. 즉 물질들이 본래의 성질을 잃어버리고 새로운 물질로 변화되는 것을 말한다.

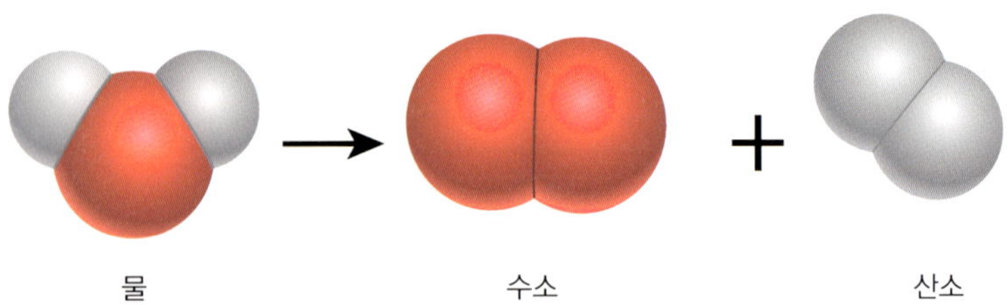

위 그림은 물의 전기 분해 과정을 통해 분해된 화학적 변화를 분자 모형으로 나타낸 그림이다. 반응 전의 물 분자의 모습과 반응 후에는 전혀 다른 물질로 이루어져 있는 것을 볼 수가 있다. 앞에서 물이 수증기로 변하거나 얼음으로 변할 때에는 겉모습은 변해도 물 분자의 모습은 전혀 변하지 않음을 보았다. 이 그림을 통해서 우리는 물리적 변화와 화학적 변화의 차이를 이해할 수 있다.

즉 물질을 이루는 원자나 이온 사이에 화학결합이 끊어지거나 재배열이 일어나 처음의 상태와 전혀 다른 화학적 성질을 갖는 물질로 변화하는 것을 화학변화라고 한다. 이것은 원자나 분자 조성의 변화 없이 고유의 성질을 유지하면서 그 상태만 변화하는 물리변화와 대응된다.

또 한 가지 예를 들면 탄소(C), 수소(H), 산소(O), 질소(H), 기타 인(P), 황(S), 철분(Fe), 마그네슘(Mg) 등은 연어를 훈제할 때 사용하는 참나무의 주성분이며, 나무를 태우면 이 물질들이 산화된 물질들로 변화된다. 훈제하기 위해 나무를 태웠을 때 볼 수 있는 재는 인(P), 황(S), 철분(Fe), 마그네슘(Mg)의 산화물로 나타난다. 나머지 탄소(C), 수소(H), 질소(H)는 산화되어 기체로 되어 날아가 버린다. 주로 만들어지는 기체는 이산화탄소, 물, 산화질소 등이다.

숯의 성분비율을 살펴보면 탄소가 85%, 나머지 15%가 불에 완전 연소되지 않은 미네랄 성분이다. 숯불을 피우고 30~40분 정도 지나면 숯 표면에 하얀 재가 생기게 되는데 이 성분이 바로 미네랄 성분 때문이다. 탄소는 열을 내면서 연소되어 일산화탄소가 되어 기체로 되어 버리고, 미네랄은 기체가 될 수 없어 재가 되어 남는 것이다. 미네랄을 이루고 있는 성분들을 살펴보면 Ca(칼슘), Na(나트륨), Fe(철), Mg(마그네슘), K(칼륨), P(인) 등이다. 즉 고기 구울 때 재가 고기의 맛에 영향을 미친다는 것이다. 이런 현상들이 화학적 변화이다.

(4) 세계적으로 유명한 분자요리 레스토랑

분자 요리란 정확한 계량, 조리방법, 재료의 특성과 성질을 잘 파악하고 이것을 조리과학과 물리 화학적인 측면에서 접근하여 재료를 이용하여 음식을 만드는 과정을 말한다. 하지만 분자 요리라는 개념은 따로 존재하는 것이 아니라 기존에 있던 요리체계를 물리와 화학적 측면을 이용해 요리 과정의 한 부분을 새롭게 재조명한 것이며, 궁극적으로는 요리사로서 식자재에 대한 이해와 고객에게 새로운 요리 과정을 신비롭게 재구성해서 시각적 또는 먹는 즐거움을 주어 외식산업에서 마케팅으로 이용하는 것이다.

분자 요리를 배우고자 하는 초보자는 분자 요리를 먼저 습득하기보다는 정통요리를 배운 후 정통요리에 분자 요리를 적절히 부분적으로 이용한다면 메뉴개발에 있어 차별화로 경쟁력을 얻을 수 있을 것이다. 그러나 정통요리를 배제하고 분자 요리만 습득하고자 한다면 새로운 개념의 요리를 개발하기 어려울 것이다.

세계적으로 유명한 분자 요리 레스토랑은 유럽에 몇 개 있으며, 그 중에서도 제일 유명한 레스토랑은 스페인 정부의 노력으로 분자 요리의 성지가 된 엘블리(El bulli) 레스토랑이다. 2000년 이후 스페인에서 분자 요리 개발을 위해서 전략적으로 정부의 지원 아래 다른 나라들보다 먼저 조리사들과 함께 분자 요리(Molecule Style)를 개발하고 레스토랑에 접목시켜 새로운 음식의 레스토랑 컨셉트로 개점하여 미식가들에게 큰 호응을 얻었다.

아시아에서는 일본이 선두주자로 분자 요리를 도입하여 시도하였으며, 현재 많은 레스토랑들이 분자 요리를 가미하여 새로운 음식을 만들어 내기 위해 많은 연구를 하고 있다. 또한 영국의 더 펫 덕(The Fat duck) 레스토랑 그리고 프랑스의 피에르 고르고니에(Piere Gorgonier) 레스토랑도 유럽에서 다양한 분자 요리로 미식가들에게 큰 호응을 얻고 있다.

미국을 살펴보면 캘리포니아에 소재한 프렌치 런드리(French Laundry) 레스토랑이 요리의 차별화로 분자 요리를 개발 출시하여 좋은 호응을 얻고 있으며, 진부한 요리 세계에 창의적인 요리로 트렌드를 선도하고 있다.

French Laundry
(프렌치 런드리)

French Laundry 메뉴

French Laundry 메뉴

The Fat duck(더 펫 덕)

The Fat duck 메뉴

The Fat duck 메뉴

Piere Gorgonier
(피에르 고르고니에)

Piere Gorgonier 메뉴

Piere Gorgonier 메뉴

3. 분자 요리의 특성

(1) 식재료의 다양성

분자 요리에서는 다양한 식품첨가물과 실험실 도구를 사용하며, 이를 통해서 새로운 모양을 만들어 내는 것이 특징이다. 특히 알긴산(alginic acid)이나 염화칼슘, 잔탄(Xantan), 레시틴(lecitin), 아가 등 다양한 식품첨가물 등을 많이 사용하고 있으며, 거품의 안정과 젤리 농도 또는 제품의 안정, 유화, 점성 등의 친수성 콜로이드로 식품의 기능적인 특성을 위해 많이 사용하고 있다.

새로운 맛과 새로운 재료와 그리고 다양한 조리도구를 이용하여 (안티-그리들, 원심분리기 사이폰, 믹서기 등) 조화로움을 찾아내기 위해 과학적 및 실험적 성격으로 기존 요리의 질감과 구조를 분석하여 여러 가지 맛의 배합과 모양을 만들어 내는 것이 특징이다.

(2) 조리도구의 다양성

분자 요리는 다양한 식재료와 조리기구 등을 이용하여 소비자들에게 새로운 음식 모양과 색채를 만들어 보인다. 즉, 감각적인 디자인 측면과 오감의 감각을 이용하여 독창적인 요리를 만들어 소비자들이 경험하지 못한 요리들을 체험하도록 하는 것이 특징이다.

기존의 요리들은 전통적인 방법으로 조리를 한다. 예를 들면 스테이크를 구울 때 차콜 브로일러에 굽거나 프라이팬에서 익혀 요리를 하지만 분자 요리는 수비드(sous-vide) 기계를 이용하여 부드럽고 육즙이 많은 품질 좋은 스테이크를 만들어 낼 수 있다. 또한 훈제연어를 만들기 위해서 복잡한 공정과정이 필요했지만 지금은 스모크 건을 이용해서 바로 훈제연어를 만들어 낼 수 있는 것이 큰 차이점들이다.

브라운 소스를 전통적인 방법으로 만들려고 할 때 소고기 뼈를 오븐에 구워서 야채, 향신료를 넣고 약 2~3일을 끓여야 소스를 만들어 낼 수 있었지만 분자 요리로 만들 경우 고 압력솥을 이용하여 짙은 육즙을 빨리 추출할 수 있으며, 고품질의 브라운소스를 얻을 수 있다는 것이 큰 특징이다.

다음은 조리도구의 다양성으로 새로운 모양과 새로운 음식을 체험할 수 있다는 것이 차이점이다. 예를 들면 셔벗이나 아이스크림을 가공된 제품만 고객에게 제공한다면 맛의 차별화를 느끼지 못할 것이다. 그러나 질소와 믹서기를 이용하여 계절별 제철 과일로 고객이 보는 즉석에서 아이스크림을 만들어 준다면 고객들은 신기하게 여기면서 식재료의 신선함과 믿음으로 만족도가 높을 것이다.

특히 분자 요리는 다양한 실험도구 사용으로 다른 모양의 요리를 만들 수 있으며, 재료의 특성을 이용하여 요리의 표현성을 다양화하고, 조리방법, 도구의 활용, 과학을 이용한 실험적 요리들을 색다른 모양으로 창조한다는 점에서 분자요리와 기존 요리의 차이점을 알 수 있을 것이다.

4. 수비드 요리의 이해

(1) 수비드 요리의 개념

수비드(Sous Vide)라는 것은 프랑스어로 '진공상태'라는 뜻이며, 영어로 "언더 베큠(Under Vacuum)"이라고 한다. 위생 비닐 팩에 요리할 재료를 넣고 진공 포장하여 물의 온도 56°C~90°C 수조에서 오랜 시간동안 저온으로 조리하는 '저온진공조리'를 의미한다.

오토 본 게리케(Otto von Guerike, 1602~1686)는 공기가 음식을 보존하는 데 많은 영향을 미치는 것에 대하여 처음 연구하였으며, 특히 진공의 성질과 기압의 힘에 대해서 연구하였다.

드니 파팽(Denis Papin, 1747~1717)은 밀폐된 용기안의 내용물을 수증기를 이용해 진공으로 만들어 박테리아가 증가하지 못하도록 하여 부패도 감소시키고 그런 이유로 음식 보존력이 증가한다는 사실을 처음 발견한 사람이다.

그 후 니꼴라 프랑소와 아뻬르(Nicolas Francois Appert, 1750~1841)는 압력에 의해 박테리

아가 음식보존과정에 많은 영향을 미친다는 연구결과를 얻었으며, 특히 고온이 모든 유해 박테리아를 죽여서 부패를 방지한다는 것을 연구 실험을 통해서 발견하였다. 그 후 루이 파스퇴르(Louis Pasteur, 1822~1895)는 유리병 속에 보존된 음식은 100°C를 넘는 고온에서 가열되어야 부패되지 않는다는 아뻬르(Appert) 연구에 대해서 다시 한 번 확인하는 결과를 얻었다.

루돌프 럼펠 박사(Dr. Rudolf Rempel, 1859~1893)는 화학자로서 아뻬르(Appert), 파스퇴르(Pasteur) 두 학자의 연구를 더 연구하여 고무링으로 밀폐한 유리병 속에서 음식을 보존하는 방법에 대해서 특허를 내어 수비드 요리의 기초를 마련하였다.

프랑스 셰프인 죠르쥬 프랄뤼(Georges Pralus, 1974)는 푸아그라를 조리할 때 40%가 손실되는 것을 수비드 요리를 통해 5%만 손실되는 요리법을 개발하였다. 또한 실험을 통해서 어류, 육류, 가금류, 야채류 등 수비드 요리에 대한 조리법을 약 600여 가지 개발하기도 하였다.

브루노 구솔(Bruno Goussault)은 프랑스 식품학자로서 수비드 요리를 식품적 측면과 기술적 측면 등 양쪽으로 개발하여 수비드 기술발전을 이룩한 학자로서 미국 기구 FAO에서 근무하다가 1972년 프랑스로 돌아와서 수비드 요리 중 육류를 낮은 온도에서 요리하면 육즙도 보존되고 맛도 상승된다는 것을 연구하였다. 그는 특히 박테리아 미생물을 꾸준히 연구하여 안전한 수비드 요리법을 만들어 내었으며, 진공포장을 활용한 저온 수비드 요리법을 개발하여 현대주방에까지 실용화되도록 발전시켰다.

(2) 진공과 온도를 통한 수비드

현대에서는 여러가지 조리기구들에 의해서 음식이 만들어지고 있지만 더 좋은 품질의 음식을 제공하기 위해 조리열기구들이 다양하게 만들어져 출시되고 있다. 조리사들이 굽거나 볶을 때에 많이 사용하는 조리도구가 오븐인데 처음에는 화덕식 오븐에서 조금 더 발전하여 돌을 바닥에 얹어 놓고 불을 넣어 오븐의 온도를 일정하게 유지하도록 사용하고 있다.

그러나 그것만으로는 일정한 온도를 기대하기 어렵기 때문에 최근에는 IT 기술과 접맥하여 컨벡션 오븐을 생산하고 있으며 열을 증가시키기 위해서 오븐에 스팀을 넣어서 다양한 요리가 되도록 출시하고 있다.

오븐을 사용해 보면 열을 제어하면서 골고루 열이 전달되도록 하기란 매우 어렵기 때문에 열을 제어할 수 있는 조리열기구들을 출시하지만 만족할만한 도구는 아직 없기에 연구 끝에 물을 사용하게 된 것이다.

요리과정에서 온도의 전달을 위해 많은 조리도구를 발명하여 사용했지만 물만큼 온도 전달력이 높은 물질은 없다. 물을 이용해서 요리를 하려면 요리할 도구가 필요한데 수비드 기계를 발명하여 조리도구로 사용하였으며, 조리 중에 미생물이 자라지 못하도록 하기 위해서 진공포장이 필요했고 비닐 팩을 이용해서 진공상태로 만들어 요리하는 조리법을 개발하였다.

이처럼 비닐 팩에 식재료를 넣어서 진공상태로 만들어 놓고 수비들을 이용해서 조리를 하게 되면 음식의 보존기간을 늘려주고, 식재료의 식감이 뛰어나며 음식의 품질을 상승시켜 주는 역할을 한다.

수비드 기술을 이용해서 조리를 하려면 우선 시간과 온도라는 측면을 고려해서 조리를 해야만 좋은 품질의 제품을 만들 수 있다. 또 한가지는 식재료의 특성과 성분을 잘 파악해야만 한다. 예를 들어 뿌리채소인 감자, 고구마 등은 전분과 야채인 셀룰로오스가 많아서 80˚C~90˚C에서 약 2~3시간 정도의 쿠킹 시간이 필요하다.

육류의 경우 레어(rare)에서 웰던(welldone)으로 변화 온도는 58˚C~62˚C 사이에서 알부민 기능의 변화가 있으므로 블루레어는 반드시 56˚C~58˚C에서 요리해야 하며, 레어는 58˚C~60˚C에서, 미디움은 60˚C~62˚C에서 요리가 이루어져야 한다. 미오글로빈(myoglobin)이 변성되고 색깔이 변하는 온도는 68˚C 이상 될 때 변화되는 것을 알 수 있다.

특히 육류는 근섬유에 따라서 고기가 질겨지거나 연해지는데 단백질은 높은 온도에서 빨리 변성되기 때문에 40˚C 이상에서 변성되기 시작한다. 50˚C에서 섬유소가 수축되며 55˚C에서는 미오신(myosin)의 섬유부분이 응고되고 콜라겐(Collagen)이 응고되기 시작한다. 미오신은 액틴(actin)과 함께 근육 수축을 하는 데 필요한 단백질이다. 60˚C 이상으로 가열하면 콜라겐의 3중 나선이 분해되면서 질긴 콜라겐이 부드러운 젤라틴(gelatin)으로 변하게 되는데, 이 온도를 중심으로 육류의 가장 부드러운 최적의 환경을 찾는 조리방법 중 하나이다.

(3) 수비드 조리방법

항온순환수조(Water Bath Circulator)는 진공조리를 하는 데 쓰는 장비로 중탕을 이용해 일정한 온도를 유지하면서 조리하는 장비이다. 진공조리법의 조리시간은 조리하는 셰프, 재료의 특징, 재료의 양에 따라 시간이 달라진다. 요리사들마다 원하는 질감과 스타일이 다양하기 때문이다. 또한 음식 양에 따라서 재료가 잠기는 물이 많아야 하며 충분한 공간이 있어 자유롭게 순환되도록 해야한다. 재료는 가능하면 작은 크기로 준비하면 좋고 이런 조건으로 조리되면 서빙 직전까지 겉이 마르지 않고 질기거나 수축되지도 않는다.

Check Point

수비드의 장 · 단점

장점

- 온도와 시간을 통해서 낮은 온도에서 장시간 조리한다.
- 셀룰로오스가 많은 식자재와 지방 식재료의 조리 온도와 시간이 다르다.
- 정확한 조리법의 재료분량이 절대적으로 중요하다.
- 수비드 위생 비닐을 이용하기 때문에 장시간 조리 시 주의가 필요하다.
- 저온 수비드 요리법으로 조리해서 고기의 육즙과 지방이 그대로 남아 있어 육질이 부드럽다.
- 저온으로 익히기 때문에 영양소 파괴가 적다.

단점

- 식재료에 따라 조리시간이 길다.
- 수입품인 수비드 기계가 고장이 나면 수리 기간이 길고 고가이다.
- 고기류는 식감을 위해 팬이나 오븐에서 2차적인 시어링(searing)이 필요하다.
- 조리 온도와 시간이 음식의 품질을 좌우하기에 온도를 정확히 조절할 수 있는 기계가 필요하다.

• **수비드 시즈닝(seasoning) 방법**

물 온도를 재료에 맞게 조정하고 진공 위생 비닐 팩에 소금과 후추, 허브, 올리브 기름 등 원하는 재료를 넣고 진공 포장한다.

진공 포장된 재료를 워터 배스(water bath, 중탕냄비)에 넣어 타이머를 세팅 후 수비드 쿠킹을 한다. 타이머 부저가 울리면 꺼내어 시어링(searing)을 하여 플레팅을 한다.

(4) 수비드 조리 후 안전을 위한 칠링

수비드 조리 후 식재료 등을 빠르게 칠링(Chilling)시켜서 위험 존에서 벗어나야 박테리아가 증가하지 않는다. 칠링 방법은 얼음물에 1시간 정도 담가 식재료를 속까지 완전히 식혀주어야만 한다. 칠링을 하는 이유는 안전을 위한 것이며, 식중독을 유발할 수 있는 살모넬라, 리스테리아 등 각종 세균의 번식 온도인 5°C~55°C에서 벗어나기 위해서다. 천천히 냉각을 시키면 위험 온도에 오래 노출되고, 살균된 세균이 다시 살아날 가능성이 있기 때문에 빠르게 얼음 물에서 식혀 주어야 한다.

5°C~55°C 위험 존에서 4시간 이하로 있을 경우 위험하지는 않지만 그 이상일 경우 위험할 수 있다. 보관 기간은 식재료마다 차이가 있는데, 일반적으로 5°C에서 5일 동안 보관이 가능하고, 온도를 더 낮출 경우 보관 기간이 늘어난다.

그리고 영하 −4°C 이하로 내려갈 경우 냉동에 의한 변성이 일어나기 때문에 냉동실 보관은 그리 추천하지 않는다. 야채의 경우에 1개월 이상 보관 가능하고, 육류와 해산물은 10일 정도 보관할 수 있다.

표 1-1 수비드 조리 후 보관에 영향을 미치는 저온살균 온도와 시간

종류	두께	온도	조리시간	저온살균	보관기간
고기류	2인치 이하	55도 미만	4시간 미만	저온살균 안됨	3~5일
고기류	2인치 이하	55도 이상	4시간 미만	저온살균 안됨	3~5일
고기류	2인치 이하	55도 이상	4시간 이상	저온살균 됨	5일 이상

(5) 온도와 세균의 영향관계

종류	두께	온도	조리시간	저온살균시간
• 닭 가슴살	1~1.5인치	62도	1~3시간	2시간
• 오리 가슴살	1~1.5인치	58도	1~3시간	2시간
• 칠면조 가슴살	1.5~2인치	62도	90분~3시간	2시간30분
• 닭 다리	1~1.5인치	65도	90~180분	150분
• 오리 다리	1~2인치	65도	8~12시간	120분
• 칠면조 다리	1~2인치	65도	8~12시간	120분
• 돼지고기	1.5인치 이하 얇은 부위	60도	90~120분	2시간30분
• 돼지고기	1.5~2.5인치	75도	8~12시간	2시간30분
• 생선 조개류	1인치 이하	60도	20~30분	1시간10분
• 껍질 있는 • 해산물	랍스터, 새우 & 조개관자	52도	20~30분	1시간10분
• 기름이 적은 • 생선	광어, 농어, 도미류	47~50도	20~30분	1시간10분

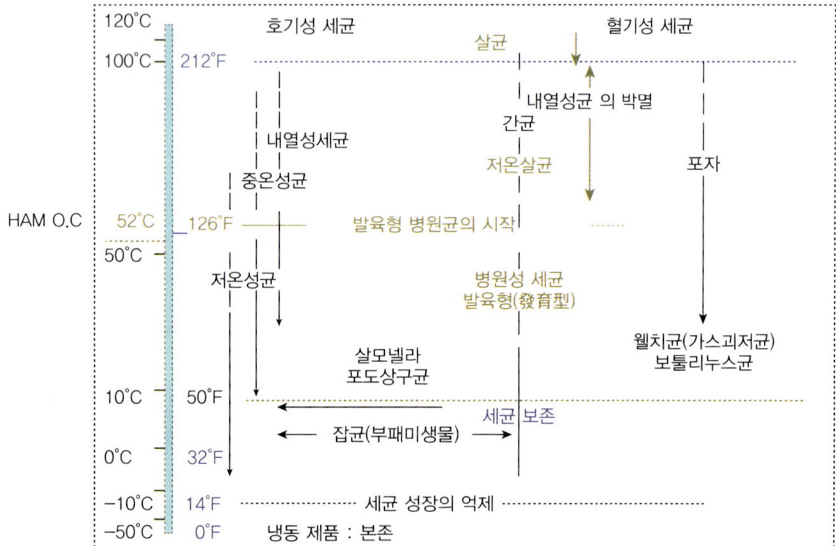

위의 그림과 같이 호기성 세균과 혐기성 세균은 52˚C에서 발육형 병원균의 파괴가 시작되고 10˚C~52˚C 범위 내에서는 살모넬라균 · 포도상구균 · 웰치균 · 보툴리누스균 등 병원성 세균들이 발육하기 좋은 온도이다.

그 온도 범위에서 수비드 요리가 이루어지기 때문에 세균감염으로 인한 식중독 발생이 일어날 확률이 높다. 따라서 위생진공팩을 이용하여 수비드 조리를 해야 하며 조리가 끝난 후에는 반드시 칠링를 해야만 안전하다.

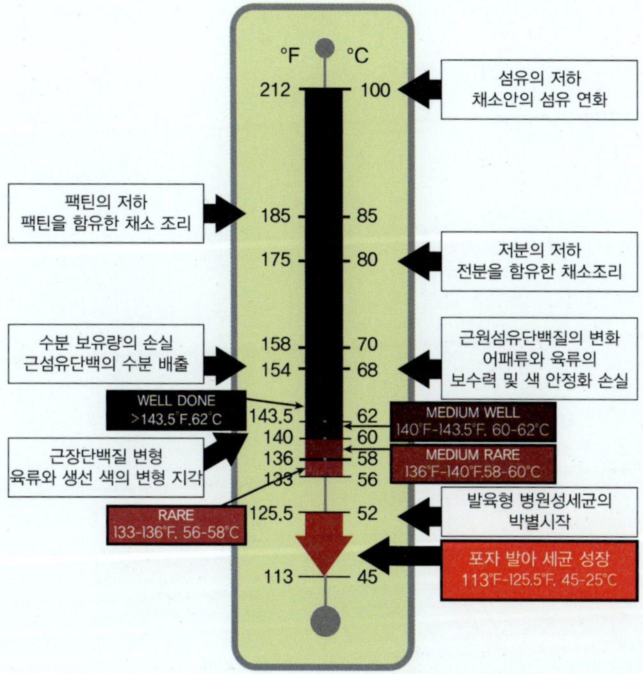

5. 분자 요리의 조리기구

분자 요리를 만들기 위한 조리도구들은 기존 조리도구와 차이가 있다. 수비드 요리는 물을 순환시켜서 온도를 일정하게 유지시키는 기능이 필요한 진공저온조리기가 있어야 하고, 아이스크림과 셔벗을 만들기 위해서는 극세 분세기(Picojet), 다양한 내용물을 넣고 질소 가스를 주입해서 거품과 에스푸마를 만들 때 사용하는 휘핑기(whipping), 사이펀기(Siphon), 진공 상태에서 조리시간을 단축시키는 게스트로박(Gastrovac : 진공솥), 진한 기름 향을 추출해는 증류기(Rotary Evaporator) 등 다양한 도구들이 필요하고 기존 조리도구들과 함께 사용하게 된다.

(1) 진공 저온조리기(Sous Vide Cooking)

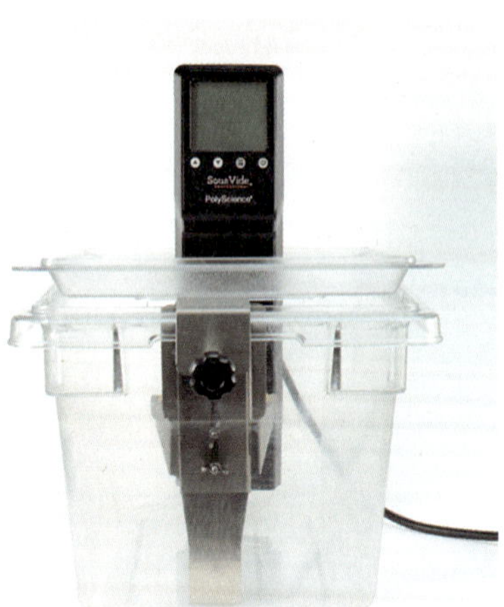

수비드 기계는 물을 순환시켜서 온도를 일정하게 유지시키는 기능이 있으며, 100˚C까지 온도를 컨트롤할 수 있고, 저온에서 오랜 시간 조리할 수 있도록 진공팩, 진공포장기, 자동온도조절장치, 중탕용기 등으로 구성되어 있다.

저온조리를 하면 고기의 세포벽을 파괴하지 않고 고기의 습도와 풍미를 그대로 유지시킨 상태로 음식의 품질을 높이는 장점이 있고 생선류나 고기류 등을 조리할 때 사용한다.

(2) 극세 분세기(Picojet)

아이스크림 및 셔벗을 만드는 장비로서 만들고자 하는 재료를 적당한 크기로 자른 뒤, 급속 냉동시켜 완전히 얼음상태로 만든 다음, 필요할 때마다 바로 얼린 재료를 꺼내서 단 20초 만에 원하는 아이스크림과 셔벗을 만들 수 있는 최첨단 장비이다.

(3) 휘핑기, 사이펀

휘핑기

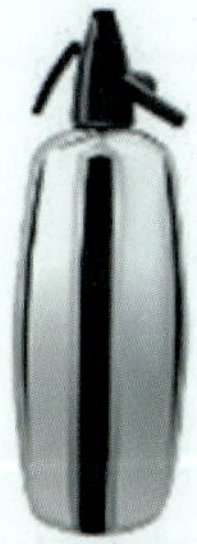

사이펀

휘퍼(whipper)는 다양한 물질을 넣은 후, 질소 가스를 사용하여 여러 가지 물질을 만들어 낼 수 있으며, 특히 거품이나 생크림 또는 다양한 내용물을 넣고 질소 가스를 주입한 후 잘 흔들어서 혼합하여 냉장고에서 차게 만들어 거품과 에스푸마를 만들 때 사용한다. 질소 가스 캡슐 주입 시 압력 때문에 조심스럽게 천천히 다루어야 한다.

특히 분자 요리에서 많이 사용하며, 요즘은 카페에서 휘핑크림을 만들어서 커피나 빵 종류에 곁들이는 데도 많이 사용한다. 또한 전문 레스토랑 조리사들이 다양한 요리에 사용하기 위해서 즐겨 사용하는 도구이다.

사이펀(Siphon)은 다양하게 사용하지만 분자 요리을 만들 때 딸기를 넣어서 탄산 가스를 주입하고 냉장고에서 하룻밤을 저장시키고 난 후 디저트로 사용하기도 하고 용기 안에 소다수같이 탄화된 액체를 만들 때 사용을 하기도 하며, 이산화탄소 방울을 주입해 만든다. 소다 사이펀에는 탄산가스를 충전해서 사용하는 것이 휘핑기와 다른 점이다.

(4) 게스트로박(Gastrovac : 진공솥)

진공솥은 압력솥과 같은 원리이다. 내용물을 튀기고, 삶고, 찌고 추출할 때 사용하며 진공 상태에서 조리를 할 수 있는 기능을 가진 기계로, 조리시간을 단축시켜 주고, 재료의 질감, 색, 영양요소를 보존시켜 준다.

예를 들면 삼계탕을 압력 밥솥에서 요리하면 빠른 시간에 부드러운 닭고기 요리를 맛볼 수 있다. 그리고 데미글라스 소스(Demiglace Source)를 끓이기 위해 부용을 추출하여 소스를 추출할 때에 시간을 단축할 수 있는 것이 장점이다.

(5) 증류기(Rotary Evaporator)

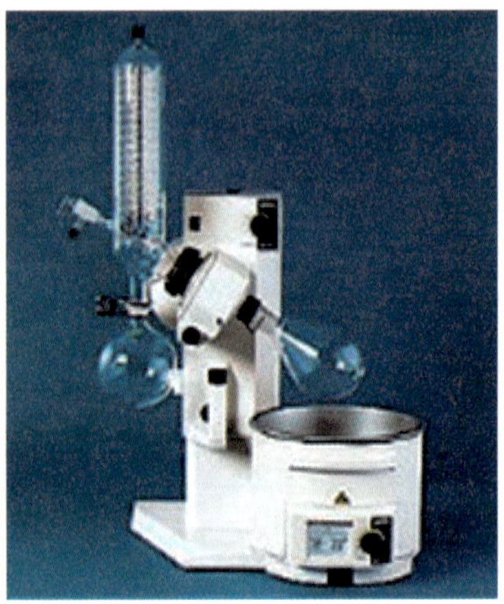

요즘 트러플 머쉬룸(Truffle Mushroom) 기름이 향 때문에 소비자들에게 좋은 호응을 얻고 있다. 이처럼 분자 요리에서 진한 기름 향을 추출하기 위해서 이용하고 짙은 향을 추출하여 요리에 맛과 향을 추가할 경우에 사용하면 음식에 풍미를 더할 수 있는 것이 장점이다. 술 위스키를 제조할 때에도 이 기구를 사용하면 좋은 향의 스카치 술을 추출할 수 있다. 직화 열이 아닌 증류기를 이용하여 재료의 조직 변화를 시키지 않고 섬세한 향을 유지 · 보유할 수 있는 장점이 있는 기구다.

(6) 질소용기(Nitral)

액체질소를 담는 용기로 외부는 스테인레스 스틸로 되어 있고, 내부는 테프론과 고무로 코팅이 되어 있어 질소를 담아도 안전하도록 만든 용기이며, 액체질소를 이용해 요리를 만들 때 사용하는 조리기구이다. 질소를 사용하여 낮은 온도에서 액체를 사용하는 요리에 적합하다. 플라스틱과 유리용 재질에는 위험할 수 있어 사용하지 않으며, 테플론(Teflon) 재질로 된 용기를 사용하면 온도 변화와 액체 증발을 최소화할 수 있는 장점이 있다.

(7) 안티 그릴드(Anti-griddle)

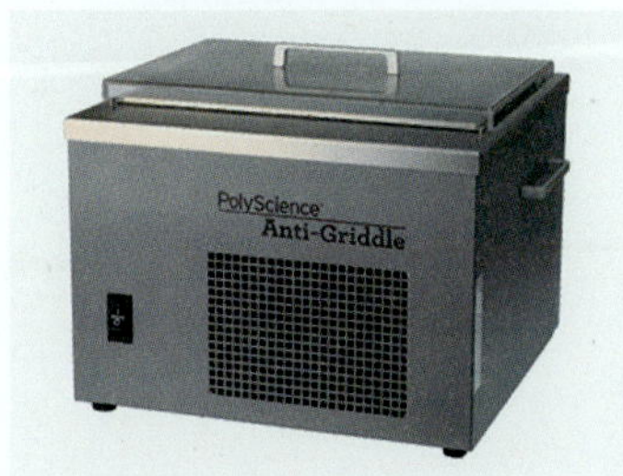

액체, 크림 등의 재료를 속은 얼리지 않고 순간적으로 겉만 냉동시키는 기구이며, 겉과 속이 다른 텍스처를 만들어 고객에게 새로움을 줄 수 있는 조리기구 이다.

예를 들면 폼소스를 순간적으로 얼려서 오래 보관하기 위해 사용할 수도 있다.

(8) 동결건조기(lyophilizer)

냉동 건조 또는 동결 건조는 식품 등의 보존이나 운반을 편하게 하기 위해서 수분을 빼는 공법이나, 동결건조기는 건조된 상태를 만들므로 안전성을 강화시키고 재료에 지나치게 열을 가하지 않고도 수분제거, 가루상태로 쉽게 용해될 수 있는 이점이 있기 때문에 사용한다.

분자 요리에서는 새로운 식감을 개발하기 위해 식재료를 얼려 분쇄하여 여러 가지 소스 또는 음식을 만들기 위해 사용한다.

(9) 스모킹건(Smoking gun)

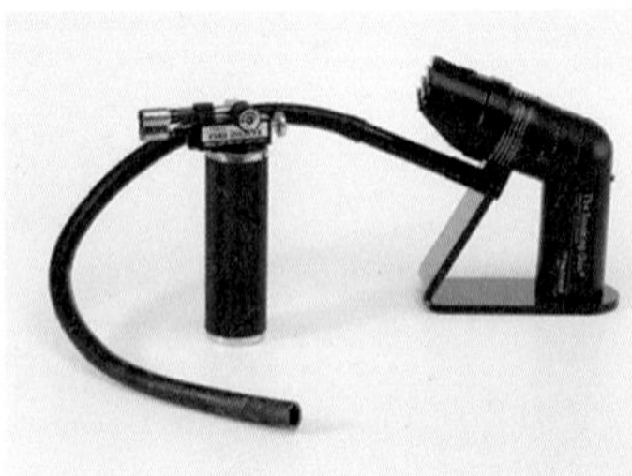

스모킹 건은 즉석에서 훈제를 할 수 있는 훈제 조리도구로 간편하게 휴대하면서 요리에 사용할 수 있다는 것이 장점이다. 기계 내부에 참나무 톱밥을 뿌려 넣고 점화하면 즉석에서 연기가 나오기 때문에 구이, 야채, 진공 팩 속의 음식에 연기를 스며들게 할 수 있어 해산물, 치킨, 훈제연어 음식 등을 만들 때 사용한다.

(10) 스포이드 피펫(spuit pipette)

스포이드 피펫은 일정 체적의 액체 또는 기체를 측정하거나, 다른 용기에 추가할 때 사용하는 기구를 말한다. 실험용으로 쓰이는 것을 피펫이라 한다. 그러나 분자 요리에서는 액체를 음식의 빈 공간에 채울 때 쓰기도 하며 액체 소스를 제공하거나 미세한 액체를 옮길 때 쓰기도 한다. 예를 들면 소스를 미세하게 얹어줄때나 또는 캐비어를 만들 때 이용한다.

(11) 핀셋(pincette)

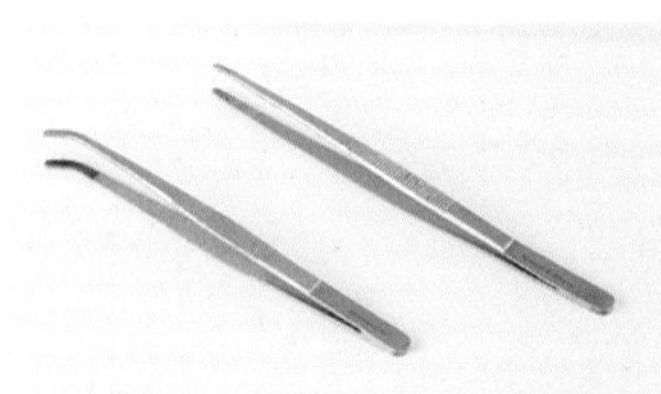

미세한 물체를 다룰 때, 손가락이 닿지 않는 부분이나 위생상 손가락이 직접 닿지 않아야 되는 경우 널리 쓰인다. 분자 요리 레스토랑에서 요리사들이 미세한 음식을 세팅할 때에 많이 사용하고 있다.

(12) 타이머(Timer)

분자 요리는 시간, 온도, 재료가 중요한 포인트이다. 그 중에서 미세한 조리를 할 때에 타이머가 필요하다. 특히 수비드 요리, 질소를 이용한 요리, 기름에 튀기는 요리 등은 시간이 매우 중요하기에 조리 시 설정된 시간이 경과하면 스위치를 개폐하고 리셋되는 장치로, 용도에 따라 여러 종류가 있다. 적절한 수치를 위해서 필요한 기구이다. 예) 수비드, 보일링

(13) 실리콘 호스(silicone hose)

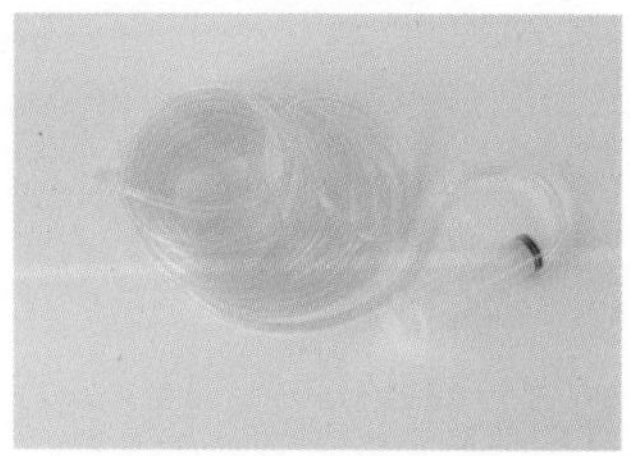

실리콘 호스로 젤라틴 또는 아가 등을 이용하여 다양한 누들을 만들 때 사용한다. 액체를 호스에 주입하고 차가운 얼음물에 굳힌 후, 주사기로 압력을 가해서 누들을 만들어내며 특히 국수, 파스타와 같이 누들을 표현하고자 할 때에 많이 사용한다.

(14) 진공포장기(Vacuum package machine)

육류, 해물, 생선류, 과일, 채소류 등 손상되기 쉬운 음식물들의 공기접촉을 차단하고 외부의 각종 오염물질로부터 내용물이 변질되는 것을 방지하기 위해 사용한다. 즉 진공위생 팩 안을 진공 상태로 만들어 포장하는 기계로서 수비드 요리를 만들 때 많이 사용한다.

(15) 진공 팩(Vacuum pack)

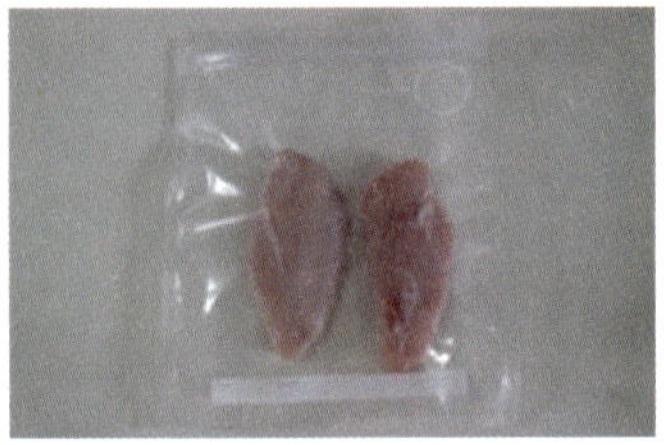

조리 중에 미생물이 자라지 못하도록 하기 위해서는 진공포장이 필수이다. 진공 팩을 이용해서 진공상태로 만들어 요리하는 조리법으로 진공 팩에 식재료를 넣어서 진공상태로 만들어 놓고 수비드 요리할 때에 사용한다.

(16) 주사기(Syringe)

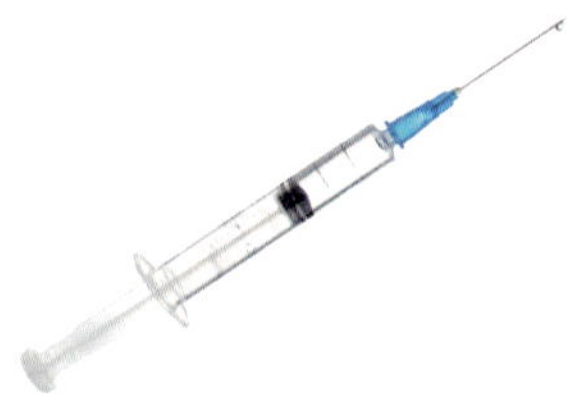

주사기는 다양하게 사용하는데 특히 알긴이나 아가로 실리콘 튜브를 이용하여 치즈, 채소 등 누들을 만들 때에 사용하며, 캐비어를 만들 때나 미세하게 다른 물질 속에 넣을 때에 사용하기도 한다. 예를 들면 접시에 음식을 담고 소스 터치를 할 경우 물방울을 만들어 표현하고자 할 때 사용하며, 어떠한 용액을 미세하게 다른 곳으로 옮길 경우에 사용하기도 한다.

(17) 계량 스푼(Measuring Spoon)

식품재료나 조미료 등을 정확하게 계량하는 조리 도구이다. 특히 알긴산으로 구체화를 만들 때 많이 사용한다.

(18) 타공 스푼(sieve Spoon)

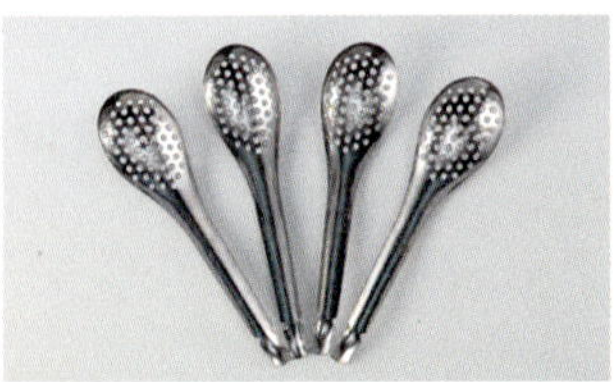

타공 스푼은 물이 잘 빠지도록 여러 구멍이 있어 물 안에 있는 음식들을 건져 올리기 편하도록 만든 조리도구이다. 특히 분자요리에서는 망고 라비올리(mango ravioli) 또는 캐비어를 건져

올릴 때에 물 빠짐이 용이하고 염화칼슘을 없애기 위해 물에 헹굴 때와 옮길 때 특히 라비올리가 터지는 것을 방지하기 위해서 사용한다.

(19) 국자(Ladle)

국자는 액체를 옮기고 넣을 때 많이 사용하는 도구로 특히 액체질소처럼 온도가 낮은 물질 또는 온도가 높은 물질을 이용할 경우 사용한다. 질소를 이용한 아이스크림, 셔벗 등을 만들 때 많이 사용한다.

(20) 건조기(drying machine)

과일 또는 채소, 그리고 다양한 식재료 등을 건조시킬 때 사용하며, 특히 칩 및 폼 칩 조리 시에도 사용하고 다양한 요리를 표현할 수 있도록 하는 도구이다. 슬라이스가 아닌 형태일 경우 재료 중앙에 구멍을 뚫고 바람이 통하도록 하면 빨리 건조시킬 수 있다.

(21) 실리콘 몰드(silicon Mold)

몰드는 사각 · 둥근 원형 · 타원형 · 직사각형 · 삼각형 등 다양하며 음식을 디자인하여 모양을 예쁘게 만들기 위해서 많이 사용한다. 예를 들면 디저트 케이크 조리 시, 분자 요리에서는 애피타이저 만들 때, 내용물을 몰드에 담아 모양을 유지시키기 위해서 냉장시킬 때 사용한다.

(22) 핸드 블렌더(Hand blender)

핸드 블랜더는 다양하게 사용하는 조리 도구로 양이 적은 소스, 드레싱, 퓨레소스, 휘핑, 믹싱 때 많이 사용한다. 특히 분자 요리에서는 소토, 레시틴을 첨가하여 거품을 만들고자 할 때에 중점 사용한다.

(23) 거름망(mesh strainer)

거름망은 입자 크기에 따라 거름망 사이즈가 있기에 용도에 맞는 크기를 사용하여 음식의 품질을 높일 수 있으며, 불순물을 제거할 시에도 사용한다. 특히 분자 요리에서는 토마토 맥주(tomato beer) 조리 시, 겔소스, 퓨레소스 등을 만들 때에 사용한다.

(24) 블렌더(blender)

블렌더는 과일과 채소 주스 추출 시, 수프, 소스, 분쇄 등 조리 과정에서 없어서는 안 되는 조리도구이다. 분자 요리에서는 토마토 맥주(tomato beer)와 망고 라비올리(mango ravioli) 만들 때와 그 이외의 다양한 용도로 사용한다.

분자요리 기구

수비드 기계

수비드 항온 수조

소형 믹서기

주서기

솜사탕기계

사이폰

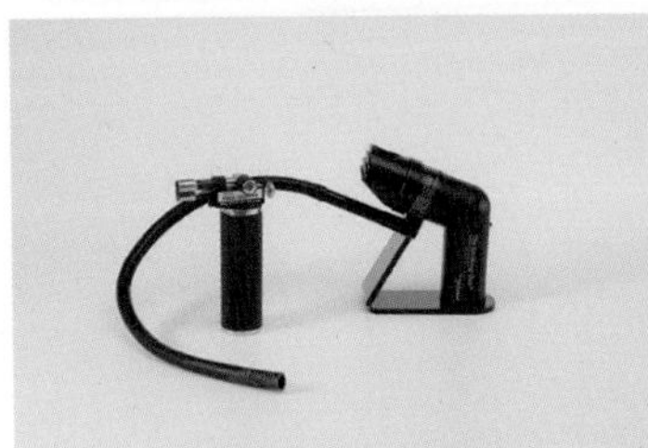

스모크 건과 토치

액체질소 용기

실리콘 호스

액체질소 보관병

전자저울(소형)

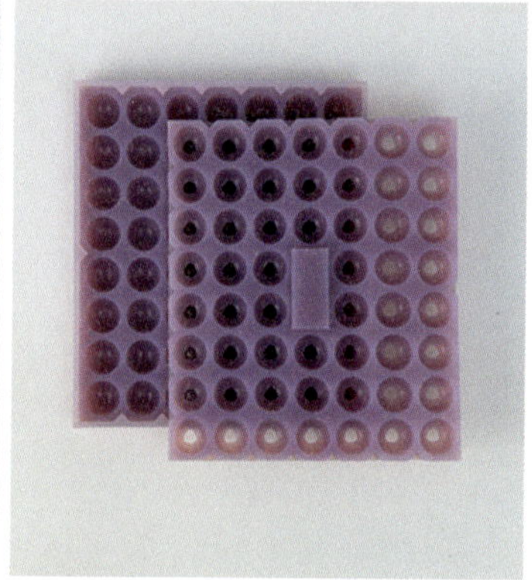
실리콘 몰드

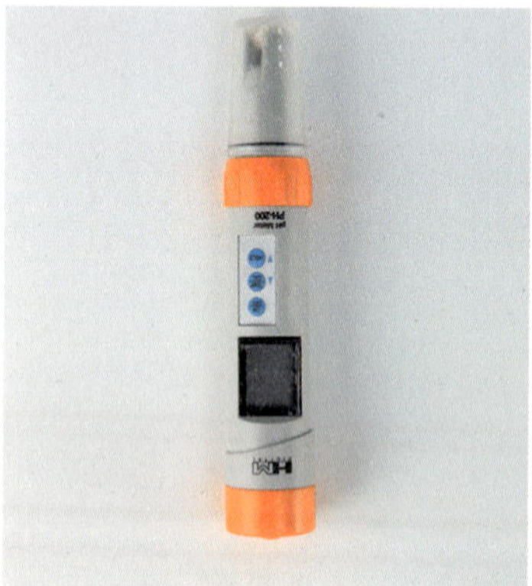
ph 산도계

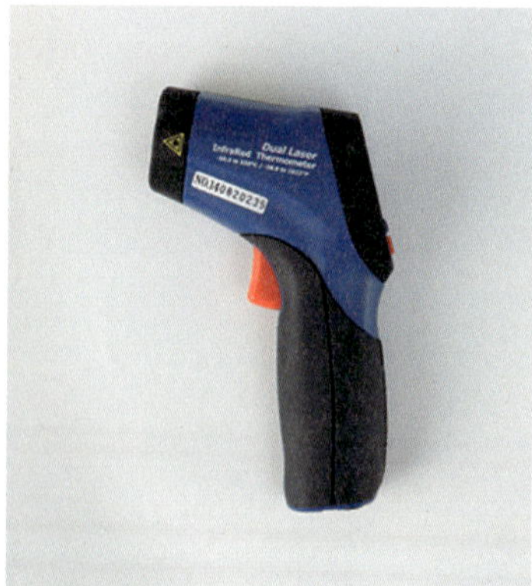
레이저 온도계

핸드 브랜더

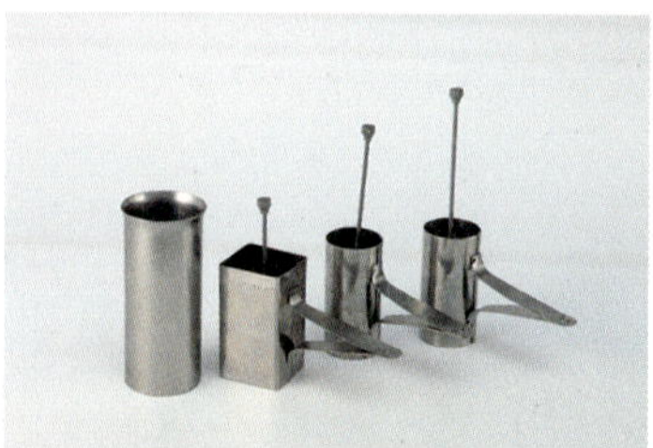
스텐 몰드

계량컵

에센스 오일병

염화칼슘 수용액 용기

훈제기 유리용기

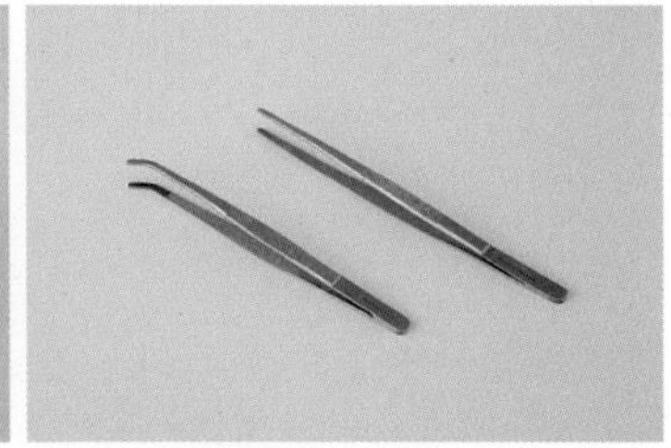

조리용 핀셋

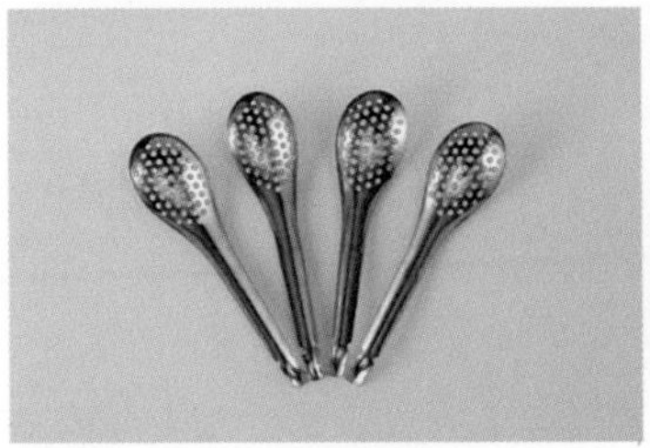

타공스푼

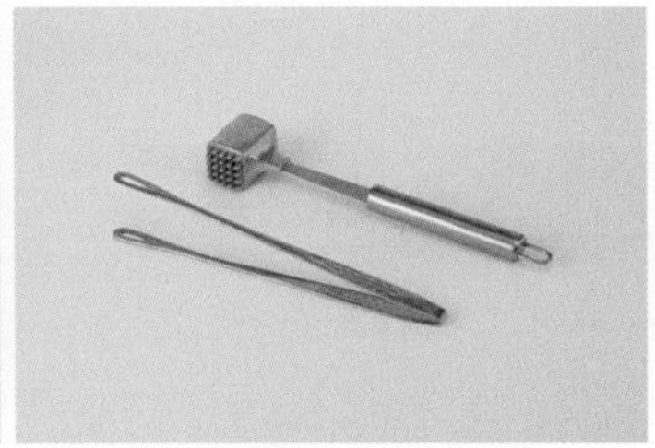

햄머와 소형 텅

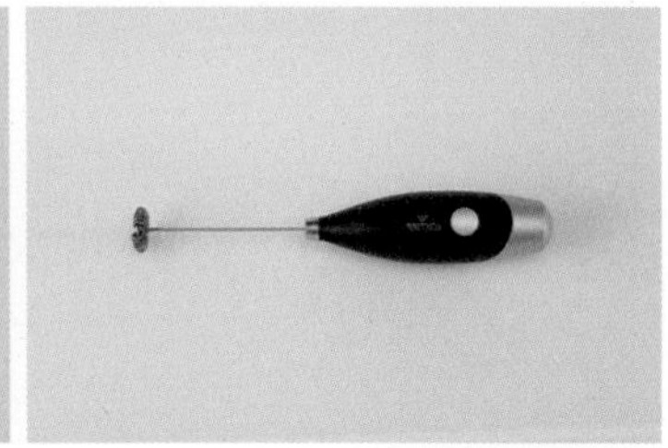

소형거품기

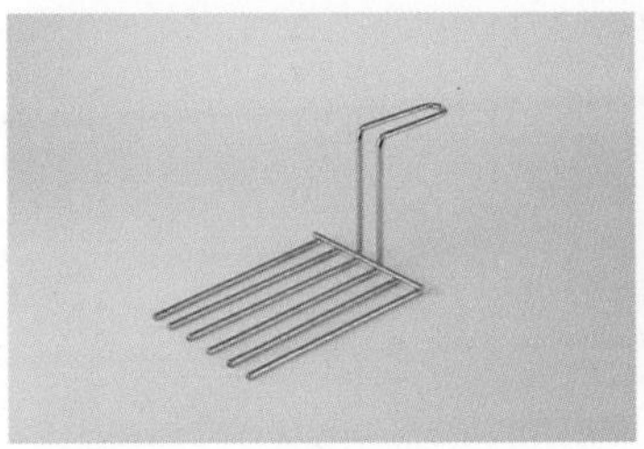

누들기

계량컵

소스 보관통

안틸 그릴드(냉동기)

소형 음식 건조기

40L 액체질소 보관통

6. 계량 단위와 기구

조리 시 식품재료나 조미료를 정확하게 계량하는 것은 조리의 재현성과 조리작업의 시스템화, 과학화를 위해 중요하다. 정확한 계량을 위해서는 적합한 계량 기구를 사용하여야 하며 올바른 사용기술이 필요하다.

(1) 계량단위

조리를 하기 위한 식재료의 계량은 조리과정에서 시작하는 단계로 중요한 절차이다. 우리나라에서는 미터법을 사용하고 있으며 서양에서는 일반적으로 무게와 부피를 주로 표준 단위로 나타낸다. 미터법에서 부피를 나타내는 단위는 리터(L)로 무게를 나타내는 단위는 그램(g)을 이용한다.

(2) 계량기구

1) 부피

식품의 부피를 측정하는 기구로는 계량 스푼, 계랑 컵, 메스실린더 등이 있다.

① 계량 스푼

계량단위는 1Tbsp, 1tsp, 1/2 tsp, 1/3 tsp, 1/4 tsp가 세트로 구성되어 있거나 간편하게 1Tbsp와 1tsp가 한 쌍으로 구성되어 있어 조리 시 양이 적은 부피를 계량할 때에 사용한다.

② 계랑 컵

음식 조리 시 계량 컵은 부피측정을 위한 조리도구이며, 1Cup의 국제 표준용량은 240 mL이고 우리나라와 일본은 1Cup을 200 mL로 사용하고 있다.

2) 무게

일반적으로 식품의 무게를 측정하는 것이 부피를 측정하는 것보다 정확하여 저울을 많이 사용한다. 중량으로 계량하는 것이 정확하지만 소량을 조리할 때는 용량으로 환산하여 계량 스푼을 사용하는 것이 간단하다. 저울은 아날로그식과 디지털식이 있다.

3) 온도

식품의 가열과 발효 등의 조리조작 과정은 온도와 밀접한 관계가 있다. 조리용 온도계는 용도별로 제빵용 탐침 온도계, 식품 표면 온도 확인이 가능한 적외선 온도계, 튀김용 온도계, 육류용 온도계 등 다양한 종류가 있다.

4) 시간

식품의 가열이나 담그기, 발효, 숙성 등에 필요한 적절한 시간을 체크하기 위해서는 시간 측정이 필요한데 주로 스톱워치나 타이머 등을 사용한다.

5) 당도, 염도, 산도

소금의 농도는 염도계, 당의 농도는 당도계, 김치의 숙성 정도나 신맛의 정도를 측정할 때는 pH미터를 이용하여 농도를 측정한다.

7. 분자 요리의 창작기법

(1) 구체화(spHerification)를 만드는 방법

구체화를 만들기 위한 재료로는 첨가물 종류인 알긴산 나트륨을 사용하는데 예를 들어 액체 재료나 주스에 알긴산을 섞은 후 염화칼슘 수용액에 떨어뜨려 동그란 원 모양의 캡슐을 만드는 방법이다. 그 외의 첨가물로는 잔탄검(xanthan gum), 시트루스(citrus), 글루코오스(glucose) 등이 있다.

잔탄은 검은 옥수수를 발효해서 만든 일종의 점성제이고, 시트루스는 감귤류로부터 생산되며 야채와 과일의 갈변방지에 주로 사용된다. 글루코오스는 흔히 사용하는 물엿으로 설탕의 재결정화를 늦추고 수분감소를 억제하는 작용을 한다.

구체화를 만들기 위해서는 pH 조건이 맞아야 한다. pH 4~4. 5가 되어야 구체화를 만들 수 있는 조건이 되며, 만약 pH가 강산성 또는 강 알칼리일 경우 구체화를 만들기가 어려우므로 산도 조절제를 사용해서 pH 4~4. 5를 맞추어야 컨트롤이 가능하다.

식품제조에 있어서는 기본적인 미생물의 번식을 억제하기 위해 사용되나 분자 요리 및 겔화제 등의 하이드로콜로이드를 다룰 때에는 pH값에 따라 굳기의 정도가 각각 다를 수 있기 때문에 조절해서 사용해야 한다.

일명 구연산(CITRIC)이라 불리는 것은 이 제품과 반대의 성격이므로 혼동하지 말아야 하며, 이 역시 pH 컨트롤러이기는 하나 방향성이 반대이므로 시트라트(CITRAT)와 구분되어야 할 것이다. 구체화 기법, 즉 캐비어와 같은 구체 캡슐을 만들 시에는 이것의 기능이 매우 중요한데, 주재료인 알긴산을 주스에 녹이기 위해서 pH 조절이 중요한 포인트이다.

① 알긴산(alginic acid)

다시마 표면의 미끈거리는 성분인 알긴산은 갈조류로부터 추출한 복합다당류로서 장 속에서 콜레스테롤 등과 결합해 변과 함께 배설되고 혈전이 생기거나 간장에서 콜레스테롤이 합성되는 것을 막아 고혈압과 동맥경화를 예방한다. 알긴산은 변비에도 뛰어난 효과를 발휘한다. 소화되지 않는 알긴산은 장을 자극함으로써 장운동을 촉진해 배변을 돕는다.

알긴산은 미역, 다시마, 녹미채 등 해조류에 함유되는 다당류의 일종으로 갈조류로부터 추출하였으며, 성분을 살펴보면 만누론산(Mannuronic acid)과 글루쿠론산(glucuronic acid)으로 이루어지는 복합다당류이다. 물에 녹지 않고, 사람의 소화효소로 분해되지 않기 때문에 영양 성분은 없으며, 팽윤성이 강하여 증점안정제로 아이스크림, 과자, 국수, 냉동식품 등에 사용된다. 알긴산은 pH 2. 5~2. 8로 물에 녹지 않으나 pH 5. 8에서 녹기 시작하여 점조한 액이 된다.

알긴산은 해초류 즉 다시마에서 성분을 추출하여 만든 것으로 파우더 형태로 만들어져 있으며, 물에 용해시켜서 다양하게 사용된다.

특히 알긴산은 열에 강하기 때문에 끓는 물에 넣으면 빨리 용해되고 찬물에 넣으면 더운 물보다는 용해가 느리게 나타난다.

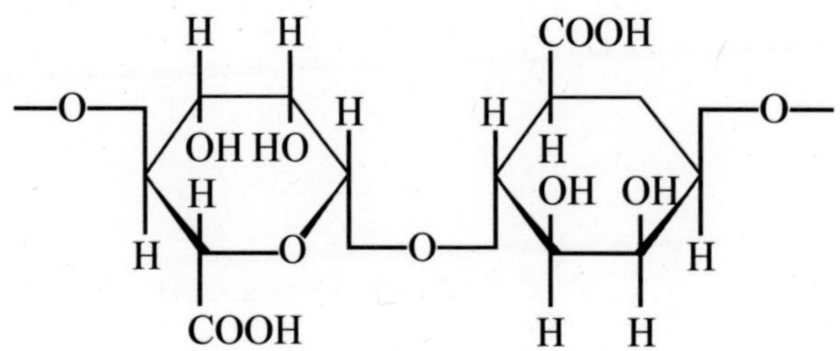

alginic acid

알긴산은 분자 속에 우론산의 카르복실기가 있으므로 산의 성질을 나타내는데, 보통은 나트륨염으로 다룬다. 포유류 동물은 알긴산을 분해하는 효소가 없으므로 알긴산을 영양으로 이용할 수 없으며, 연체동물(전복)에는 분해효소가 있어 전복 같은 경우는 다시마 또는 미역을 먹이로 사용된다.

② 칼슘 솔루션

염화칼슘(calcium chloride)

염소(Cl)와 칼슘(Ca)이 반응하여 만들어진 이온성 화합물이며, 화학식은 $CaCl_2$이다. 염화칼슘은 백색의 결정, 덩어리, 조각, 알맹이 또는 분말가루로서 냄새가 없는 것이 특징이다. 흡수성이 강하며 다른 칼슘염 제조를 위한 원료로서 이용되며, 소금의 전해법으로 탄산칼슘 제조 시 발생되는 염소가스를 석회수에 흡수시켜 용액상태로 얻게 되는 것으로 칼슘염 가운데 물에 완전히 용해되는 물질이다.

용도로는 연화방지제로 사용되며 냉동건조 두부의 응고제로 사용한다. 대두유 1 L에 25 g를 사용한다. 치즈 제조 시에는 우유 응고를 촉진하기 위해 소량 사용한다.

또한 건조제, 영양강화제로 사용한다.

③ **젖산칼슘**(calcium lactate)

염화칼슘에 비해 자극적인 맛이 덜하며 칼슘 강화에 목적을 둔 칼슘으로 염화칼슘을 대체하여 사용할 수 있다. 또는 염화칼슘과 혼합하여 사용하기도 한다. 단 차가운 물에는 녹는 시간이 좀 더 필요한 것이 단점이며 따뜻한 물에 잘 녹는다.

(2) 젤리화(Gelification)를 이용해 만드는 방법

과거에도 과일의 펙틴과 해초류의 한천과 동물의 젤라틴을 이용해서 젤리화하는 방법을 요리에 많이 사용해 왔다. 겔화제로는 카라기난(carrageenan), 아가(agar), 메틸 분말 제품 등을 이용해서 만들며 견고성과 탄력성을 가지고 있는 성질을 이용하는 기법이다.

아가

아가(agar)의 어원은 Polysaccharide obtained from red algae이며, pH 2. 5~10 정도이다. 수화는 90°C에서 일어나며, 녹는점은 80~90°C, 응고점은 35°C~45°C이다. 아가는 분자 요리에서 따뜻한 젤라틴 요리, 테린(terrine)을 만들 때 사용하며, 붉은 해초류로부터 추출한 한천 또는 우뭇가사리 가루로 교질화제로 많이 쓰는 재료이다. 중국음식에 많이 사용되며 중국인들에 의해 유럽에도 소개됐다. 섬유소의 근원이며, 적은 양으로 겔(gel) 상태를 만들 수 있고 뜨거운 젤라틴을 만드는 데 사용할 수 있다. 아가와 물, 초콜릿을 넣고 잘 믹싱 후 냉장고에서 약 5~10분 후 초콜릿파우더와 국수를 표현하는 데 사용할 수 있다.

① 젤라 검(Jellageom)

회백색의 건조 분말 상태이고 무미 · 무취이다. 젤란의 겔은 무색투명하고 내열성, 내산성, 내효소성이 높아 광범위하게 사용된다. 용도로는 증점제, 안정제, 겔화제 등으로 사용된다. 과즙음료, 기포의 안정을 위해 머랭 등에 사용되며, 잼 · 푸딩 · 젤리 과자 등의 텍스처 조정을 위해 사용한다. 특히 분자조리에는 계란이 들어 있지 않은 커스터드 형태의 파스타와 누들을 만들어 따뜻하게 제공할 수 있다. 시중에서는 젤란이라는 제품으로 판매가 된다.

② 카라기난(Karaginan)

카라기난 용도로는 증점 안정제, 겔화제로 젤리류, 치즈, 드레싱, 식육제품 등에 사용한다. 홍조류인 해초를 물 또는 뜨거운 알칼리성 수용액으로 추출한 다음 정제하여 얻는 것으로 주성분은 카파(Kappa) 카라기난, 이오타(Iota) 카라기난으로 구성이 된다. 냉수에는 완전히 용해되지 않으나 30~60°C의 물에는 완전히 용해된다.

특히 중산성에서 겔 능력을 상실한다. 카라기난의 보수력은 매우 우수하여 약 10배의 물로 페이스트상이 되고 50배량의 물로 용액상태가 된다. 또한 카라기난은 우유단백질인 카세인과 반응하여 균일한 우유 겔을 형성한다. 한천의 겔보다 탄력성이 크고 투명하며 보수력도 크다.

카라기난의 점성은 1~2%에서 급속히 상승하지만 온도상승과 교반에 의해 감소한다. 그러나 교반을 중지하면 다시 점성이 부활된다. 또한 칼슘 존재와 산성에서는 점도가 감소하며 알칼리에서는 갈수록 안정하다. 시간경과에 따라 점도는 변화하지 않는다. 또한 전분종류 및 단백질과 혼합 시 성질의 변화가 일어날 수 있다.

카카(kaca)는 카파 카라기난 베이스의 중합체이다. 칼륨(K)과 반응하여 더욱 탄탄한 겔을 형성하는 카라기난의 성질에 입각하여, 적절한 칼륨이 혼합된 카파 카라기난 겔화제(gelling agent)이다. 그 중 최적의 맑은 겔을 생성하기에 안성맞춤이며, 식감 또한 쫄깃함과 탄력이 매우 우수한 성질로 제조되어 있다.

텍스처(texture)적으로 젤라틴(gelatin)과 아가(agar) 성질의 중간을 이루며, 젤라틴의 쫄깃함과 아가의 논 스틱 겔(nonstick gel) 성질을 동시에 가진다. 또한 상온에서는 절대 녹지 않으며 아주 빠른 시간 안에 굳힐 수 있다. 이 장점은 훌륭한 푸딩 및 젤리를 만들 수 있는 최적의 조건이며, 이미 시중 푸딩 젤리 제품은 대부분 카파 카라기난 베이스를 잘 활용하고 있다. 이 모든 활용과 기술은 젤리피케이션(gelification)으로 통칭된다.

(3) 유화제(Emulsification)를 이용해 만드는 방법

유화시키는 방법으로 물과 지방의 매개체로 섞이게 하지는 못하나 2개의 재료를 연결하는 능력을 가지고 있다. 유화시키는 방법에는 여러 가지가 있으며, 마요네즈와 퐁뒤(fordue) 요리가 대표적이며 유화는 '에멀션(Emulsion) 상태인데 기름방울과 물 분자의 중간에 존재하는 계면활성제 분자들에 의하여 안정을 유지하고 있다. 종류로는 레시틴(lecithin)과 글리세린 플레이크(glycerin flake), 수크로오스(sucrose) 등이 있다.

다시 말해서 에멀션은 기름과 물을 같이 흔들면 작은 방울로 깨져서 물에 분산되어 보호막을 형성할 수 있는 단백질을 첨가하면 안정화되는데 우유는 물에 있는 버터 기름의 에멀션이고 카세인이라는 단백질이 안정화해 주며, 마요네즈는 노른자의 레시틴이 안정화된 물에 있는 샐러드 기름의 에멀션이라고 할 수 있다.

마요네즈를 만드는 과정에서 계란 노른자가 유화제로서 작용하며 분리되지 않는 콜로이드 상태가 되어 유화의 가장 잘 알려진 방법이다.

① 레시틴(lecithin)

분자 요리에서는 유화제로 사용되나 거품 소스를 만들 때도 사용한다. 레시틴 용도로는 초콜릿, 마가린, 버터 등에서 점도 저하를 막고 보수작용, 기포 및 소포작용, 전분이나 단백질과의 결합성 등 때문에 다양한 방면에서 유용하게 활용된다. 레시틴은 계란과 대두, 곡물의 씨눈, 간 등에서 추출한 천연 유화제로서 항산화 작용, 이형작용, 분산작용을 한다.

(4) 농밀제(Densification)를 이용해 만드는 방법

농밀제로서 수프, 소스, 크림류 등의 농도를 내는 데 사용된다. 과거에는 전분, 밀가루 또는 밀가루와 버터를 이용해서 만든 루(Roux) 등이 이런 농밀제로 사용되었지만 많은 양의 요리에 전분, 밀가루를 사용하기 힘들기 때문에 식품제조가공에서는 농밀제를 사용한다.

분자조리법에서 사용되는 농밀제 재료들은 적은 양으로 사용하여 쉽게 농도를 얻을 수 있으며, 요리의 고유 맛에 영향을 주지 않는다는 것이 특징이다. 농밀제의 대표적인 재료들을 살펴보면 잔탄 검(Xantana gum/ Xantana), 타피오카 전분(Tapioca starch) 등이 있다.

① 잔탄 검(Xanthan Gum)

분자 요리에서는 질소로 아이스크림 만들 때 잔탄 검을 농밀제로 이용한다. 그 외 용도로는 소스에 사용하여 고형물의 분산, 유화물의 분산, 점도 유지를 시켜 준다. 검은 옥수수를 발효해서 만든 일종의 점성제로서 기존의 옥수수 전분, 밀가루 등과 같이 온도 변화에 따라서 점성이 줄어들지 않고 항상 일정한 점성을 유지시켜 준다. 젤리에는 탄력을 높여주며, 냉수에 분산되고 온수에 용해되는데 용해온도에 따라 점도 차이는 미미하다.

여러 종류의 음료에 첨가하여 농도를 맞추는데 사용하기도 하고, 내열성이 우수하며 빙초산, 구연산 등의 산성물 존재하에서는 가열하더라도 점도 저하가 적다. 잔탄 검은 다른 증점제에 비해 점도가 높고 농도에 따라 점도가 증가한다.

가장 대표적인 1세대 증점제로서 구체화(spherification) 안정 및 거품(air foam) 안정, 유화유도와 에스푸마(espuma) 등에 주로 사용되며 음료의 보디감 조성과 건조(dehydration)법에도 활용한다.

잔탄의 가장 큰 매력은 찬물에도 쉽게 분산되어 디테일한 농도를 표현할 수 있다는 것이다. 뜨거운 액체에 분산되면 조금은 더 맑은 형태의 농도를 얻을 수도 있다.

② 펙틴가루(Pectin)

펙틴은 감귤류, 또는 사과즙의 찌꺼기를 묽은 산으로 추출하여 얻는다. 무취하고 황백색의 점액질 맛을 갖는 거칠고 미세한 분말이다. 용도로는 펙틴의 종류에 따라 식품가공제, 증점제, 겔화제, 조직구성제로 사용한다.

③ 로커스트 콩 검(Locust Bean Gum)

로커스트 콩 검은 콩과 여러해살이 상록수인 카로브 나무에서 추출한 것과 콩과 메뚜기 콩을 분쇄하여 추출하기도 한다. 또는 이를 온수로 용해시킨 다음 여과하여 이소프로필알코올로 얻어지는 것으로서 주성분은 다당류다. 용도로는 증점제, 안정제로 사용되며 특히 내산성, 내알칼리성이 우수하여 아이스크림, 셔벗의 안정제로 빵, 쿠키 등 과자류의 호료로 많이 사용된다.

④ 아라비아 검(Arabia gum)

콩과 아라비아 고무나무 또는 그 밖의 동식물의 소비액을 건조나 또는 탈염하여 얻는 것으로써 주성분은 다당류다.

용도로는 정유와 유화제 및 분말화 기제, 시럽의 설탕결정 방지제, 당의 코팅제 등으로 사용되며 증점제로 사용되는 경우는 적다.

⑤ 구아 검(Guar Gum)

콩과 구아의 종자 배유 부분을 분쇄하여 얻는 것이나 또는 이를 온수로 추출하여 만들어지며 주성분은 다당류이다.

용도로는 증점 안정제로 사용되며, 점도가 높은 검으로 식품에는 주로 아이스크림의 안정제, 디저트의 보형제 등에 많이 사용한다.

⑥ 글리스터(glister)

모노글리세린 배합제로 유지의 경화(solid oil)에 대표적으로 사용된다. 즉, 고체형태 또는 원하는 강도의 기름으로 변화시킬 수 있다는 의미이며, 예를 들면 올리브 기름, 트러플 오일 등을 스푼으로 떠서 샌드위치 빵에 발라 먹을 수 있도록 농도를 높일 수 있다는 것이다.

(5) 변형제(Transformation)를 이용해 만드는 방법

① 말토덱스트린(maltodextrin)

하이드로콜로이드의 재료 중 하나로 식품에 첨가하면 점도 증진 및 농후화, 유화성, 안전성, 포집성, 거품형성 등의 기능을 갖는다. 일종의 변형 전문으로 지방질의 재료를 굳게 하거나 안정화시키는 데 사용한다. 특히 갈릭오일, 참기름 파우더, 들기름파우더, 초콜릿 파우더, 라면 수프, 베이컨 기름, 땅콩버터와 같은 재료를 굳혀 가루에 가두어서 가루 소스로 사용할 수 있으며 기름에는 녹지 않으나 물에는 잘 녹는다.

② 메토셀(metocel)

메토셀은 접착력이 좋아 여러 음식에 많이 활용될 수 있으며 특히 튀김과 접착을 요하는 부분에 잘 어울린다. 예를 들면 생선살과 메토셀 반죽에 여러 가지 채소를 혼합하여 튀기거나 프라이팬에 구워 주면 접착력이 좋아 튀김옷이 잘 붙어 있다. 그리고 안정된 거품을 만들 때 사용하면 품질 좋은 거품 효과를 얻을 수 있다. 특히 메토셀은 뜨거워지면서 겔화되는 현상으로 다양한 요리에 활용될 수 있다.

(6) 거품추출(Foam abstract presentation)을 이용해 만드는 방법

거품은 액체나 고체 속에서 방울 형태나 기체 형태로 구성되어 3가지의 상태가 혼합되어 있는 것이다. 분자 요리의 용어로는 폼(foam)이라고 하는데 가장 많이 사용되는 식품첨가물은 레시틴이다. 레시틴이 거품을 형성하고 거품의 구성시간을 연장시켜 줌으로써 새로운 맛의 거품이 생겨나고 있다. 거품추출법을 이용한 예로 수프, 초콜릿 무스, 탄산음료수, 수플레, 기포로 가득 찬 고형 거품인 빵 등 다양한 음식들이 거품으로 만들어져 있다.

① 계란흰자가루(Egg white Powder)

계란 흰자가루 용도로 가열 시 강한 겔상으로 되어 케이크, 비스킷 등의 제과 제빵 등에 사용할 수 있으며, 또한 점도를 높일 때 다른 재료와 혼합하여 사용하고 미용 팩으로도 사용한다.

계란흰자 10 Kg 가공 시 난백가루를 1 Kg 정도 생산할 수 있다. 수분을 완전히 제거했기 때문에 계란 흰자의 강한 맛과 안정된 조직을 만들어 낼 수 있고 일반 계란과는 달리 장시간 보관할 수 있다.

② 아이오카(IOCA)

칼슘이온과 반응하는 겔화기법(gelification)의 대표적인 재료로써 유제품의 겔화를 촉진하여 크렘뷜레(Créme Brûlée)와 같은 푸딩류를 제조하거나 적은 량의 사용으로 유제품의 질감을 풍부하게 개선할 수 있다. 카카(kaca)와 동반 사용하여 부드러운 유제품 등의 푸딩을 자유자재로 제조하며 거품(foam) 생성에도 용이하다. 또는 부드러운 우유 거품에도 기여하기도 한다.

(7) 액체질소(Liquid nitrogen)를 이용하여 만드는 방법

질소는 공기의 성분 중에서 가장 많은데, 부피로 따지면 78퍼센트를 차지하고 있다. 올체프스키(Olszewski), 로브레프스키(Wroblewski)에 의해 처음으로 액화되었다. 액체질소 기법은 즉석 냉동으로 요리를 할 때 사용하는 기법으로 이 질소를 추출하여 액화질소로 만들어 놓는다. 약 −195°C로 여기에 식재료를 약 10초 이상 넣어 두면 냉동으로 결빙되며, 분자 요리에서 아이스크림 · 셔벳(Sherbet) · 냉동음식 등을 만들 때 사용된다.

또한 액화질소는 형태를 만들기 어려운 재료를 급속 냉각시켜서 원하고자 하는 모양을 만들 때 사용한다. 포장된 식품에서 질소는 수분 이동, 곰팡이 성장, 산패 등을 방지하여 식품보관의 기간을 연장시키는 데 쓰인다. 액화질소를 사용하는 이유는 음식 생산성을 높게 하고 음식의 보관기간과 능률을 좋게 하며 음식의 질을 유지하기 때문이다.

(8) 설탕을 이용해 만드는 방법

① 이소말트(Isomalt)

이소말트의 녹는점은 145~150°C로서 설탕의 녹는점인 182°C보다 낮다. 160°C까지 가열하여도 거의 분해되지 않으며, 다른 당류보다 열안정성이 우수하고, 식품 가공 조건하에서 산과 알칼리에 안정하다. 사탕무로부터 추출한 설탕 대치용 감미료로 수크로오스(Sucrose)보다 절반 이상 더 강한 단맛을 지니고 있고, 습기에 강하기 때문에 일반 설탕보다 보관이 더 용이한 재료다.

이소말트는 약간 흡수성이 있고 백색의 결정으로서 냄새가 없고 단맛이 있다. 가열에 의한 갈변현상이 일어나지 않는다. 160°C까지 가열하여도 거의 분해되지 않으며 다른 당류보다 열에 안정하다. 용도로는 감미료 · 과자 · 음료 · 껌 등에 설탕 대용품으로 사용한다.

② 트리몰린(Trimolin)

분자 요리에서는 설탕 속에 소스를 가두어 유리병처럼 만들 때에 사용한다. 비트나 사탕수수 시럽에서 추출한 전화당으로 천연 보습제로서 설탕의 재결정화를 막아주고 반죽의 탄력을 높여 줄 뿐만 아니라 착색 효과도 뛰어나서 빵과 같은 재료 반죽을 굽는 시간을 단축시킨다.

(9) 탄산화(Carbonating)를 이용해 만드는 방법

육류를 포장할 때의 가스치환포장방식(Modified atmoshere packaging, MAP)은 진공포장에 대안으로 개발된 방법으로 미생물 성장을 감소시키며, 효소에 의한 오염을 지연시키기 위해 고기를 싸고 있는 포장용기 내의 공기조성을 변화시키는 방식으로 저장을 한다. 즉 포장용기내의 공기를 모두 제거한 후 인위적으로 조성된 가스를 채워 넣는 포장방식으로 가스의 조성비에 따라 고기 표면에 존재하는 미생물의 성장속도를 감소시키는 방식이다.

이산화탄소가 많은 요리에 직 · 간접적으로 많이 사용되고 있는데 요리 과정에서 자연적으로 발생하는 이산화탄소를 비롯하여 직접 음식에 사용하는 경우도 있다.

현재는 요리뿐만 아니라 요리재료를 보관하는 데에도 이산화탄소를 사용한다. 탄산화의 가장 대표적인 기법은 사이펀을 이용한 것으로 사이펀 안에 과일을 잘라서 넣고 이산화탄소 캡슐을 넣고 이산화탄소를 주입하면 과일에 탄산화가 이루어져 새로운 음식이 된다.

분자요리용 하이드로 콜로이드 재료

Chapter

Ⅲ 창작 기초 조리과학

Chapter Ⅲ
창작 기초 조리과학

1. 조리의 기초과학

(1) 점성(Viscosity)

점성은 물질의 흐름에 대한 저항을 나타내는 물리적 성질로써 액체나 기체 내부의 분자 밀도가 커지면서 분자 운동 시 흐름에 저항하여 생기는 분자마찰 저항력이다.

흐름에 대한 저항성이 큰 물엿은 점성이 높고 상대적으로 저항성이 적은 물은 점성이 낮다. 액체의 경우 일반적으로 온도를 올리면 점성이 감소한다.

(2) 표면장력(Surface tension)

액체 내의 분자들이 서로 끌어주는 힘으로 표면을 될 수 있는 한 작게 하려는 힘(단위 dyne/cm)을 말한다.

(3) 기포(foam)

콜로이드 분산계로 기체가 분산상이고 액체가 분산매이다. 즉, 액체가 기체를 둘러싸서 작은 구상으로 되는 것이다. 표면장력이 클수록 기포형성은 어려우나 쉽게 꺼지지 않는다.

반대로 표면장력이 작을수록 기포형성은 쉽지만 쉽게 꺼진다. 기포형성이 잘 되게 하는 물질로는 당류, 사포닌 점질성의 단백질 등이 있고 아이스크림, 스펀지 케이크, 거품을 낸 토핑, 머랭 등이 기포를 이용한 식품이다. 기포는 온도와 관계있어 낮은 온도에서는 거품이 오래 지속되나 높은 온도에서는 거품이 금방 사라진다.

*머랭 : 달걀흰자, 설탕을 섞어 거품을 낸 것으로 여러 가지 조리에 활용된다.

(4) 콜로이드(Colloid) −교질

액체에 0. 1 μm~1 nm 크기의 입자가 분산되어 있는 상태. 분산질이 전하와 수분 층을 가지고 있어 분산매 속에서 안정적으로 분산되어 있을 수 있다.

콜로이드는 종류에 따라 용매를 흡착하는 친수성과 용매를 흡착하지 않는 소수성이 있다.

친수성 콜로이드로는 한천, 전분, 젤라틴, 단백질이 있다. 젤리와 버터는 콜로이드의 일종이며 대부분의 콜로이드는 분산매인 액체 내에 분산질인 고체가 분산되어 있는 상태인데, 이것을 졸(sol) 또는 콜로이드 용액이라 한다. 졸이 조건에 따라 고체화된 것을 젤(겔, gel)이라 한다.

콜로이드 용액은 나쁜 냄새나 맛을 흡착하는 성질이 있어 비린내나 불미 성분을 제거하는 데 이용된다.

(5) 삼투압(osmotic pressure)

동 · 식물체의 세포막과 같이 용질은 통하지 않지만 용매는 통하는 반투막의 양측에 농도가 서로 다른 두 액을 두면 반투막을 통해서 농도가 옅은 쪽의 물이 농후 액으로 이동하는데 이때 막의 면에 가해지는 압력을 삼투압이라 한다.

조리에서의 삼투압 현상은 소금에 절인 채소, 표면에 소금을 뿌린 생선 등에서 볼 수 있다.

(6) 수소이온농도(pH)

수소이온농도는 효소활성, 색소의 변화, 발효의 정도, 단백질의 등전점 등 조리 중의 여러 현상들과 관계가 있다.

pH페이퍼나 pH미터를 사용해 측정 가능하다.

(7) 산화(Oxidation)

산화 현상은 어떤 물질이 산소와 화합하여 산화수가 증가하거나 그 물질에서 수소를 떼어 내는 작용이다.

유지류는 산화되기 쉬운데 공기 중에서 가열을 하면 산화되고 다시 산화물끼리 중합을 일으켜 부패의 원인이 된다.

비타민 A나 C도 산화되기 쉽고 식품 중에 존재하는 여러 색소도 산소에 의해 산화되어 변색하는 경우가 많다. 예를 들면 육류의 미오글로빈이나 식물 색소인 카로틴도 산화하여 변색된다.

(8) 유화액(emulsion)

혼합되지 않거나 부분적으로 혼합되지 않은 두 액체 사이에 하나의 액체가 서로 섞이지 않은 다른 액체에 분산된 상태.

유화액은 두 가지 형태인데 물속에 기름이 분산되어 있는 수중유적형(水中油適型, O/W)과 기름 속에 물이 분산된 유중수적형(油中水適型)이 있다.

- **수중유적형**(O/W) : 우유, 마요네즈, 아이스크림
- **유중수적형**(W/O) : 버터, 마가린

2. 열을 이용한 조리

(1) 열의 강도

열의 강도는 섭씨온도계와 화씨온도계로 측정 가능하다.

① **섭씨온도(°C)계** : 물의 어는 점을 0°C로, 물의 끓는 점을 100°C로 하여 100등분으로 눈금을 표시한 온도계

② **화씨온도(°F)계** : 물의 어는 점을 32°F로, 물의 끓는 점을 212°F로 하여 180등분으로 눈금을 표시한 온도계

(2) 열의 전달 방법

열원으로부터 식품으로의 열 이동 방식은 전도, 대류, 복사의 세 종류가 있다. 조리 조작 과정에서 이것이 단독으로 또는 복합적으로 식품에 열을 전달한다.

① **전도(conduction)**

열이 물체 내를 이동하는 현상으로 전도에 의한 열전달은 물질의 이동 없이 열에너지가 높은 온도에서 낮은 온도로 이동한다. 열전도율은 열이 전달되는 정도를 말하며 열전도율이 큰 것은 열을 빨리 전달하고 열전도율이 적은 것은 온도가 상승하기는 어렵지만 보온성이 좋다.

열전도율이 큰 조리기구의 재질 : 은, 구리, 알루미늄, 철 등의 금속

열전도율이 적은 조리기구의 재질 : 유리, 도자기

② **대류(convection)**

가열 시 밀도가 감소하면서 더운 공기나 액체의 흐름이 아래에서 위로 순환하면서 열을 전달하는 현상이다.

온도가 높아지면 부피가 커지지만 밀도는 작아져서 공기나 액체의 흐름이 위로 올라가게 되고, 온도가 낮아지면 반대로 부피는 작아지고 밀도는 커져서 아래로 내려가게 된다. 이런 밀도의 차에 의해 액체나 공기가 이동하면서 열이 전달되는 현상을 대류라고 한다. 대류에 의한 열의 전달은 주로 공기, 물, 기름 등을 통하여 이루어진다.

③ 복사(heat radiation)

열원으로부터 파장의 형태로 열이 물체의 표면에 전달되는 현상으로 열을 전달해 주는 물질이 없이 열에너지가 직접 물체에 전달되는 현상을 말한다. 진공 속에서 열이 전달되는 속도가 가장 빠르고 물체의 매끈함이나 재질에 영향을 받는다. 복사열이 먼저 식품의 표면에 흡수된 후 전도에 의해 식품 내부로 이동한다. 브로일링, 토스팅, 전자 레인지 요리 등의 조리 방법이 있다. 조리 시에 사용되는 복사열은 장작, 가스, 숯, 석탄 등의 불꽃을 직접 이용하는 것과, 토스트나 오븐기에 오는 전열을 직접 이용하는 것이 있다.

(3) 열전달 매체

가열 조리 시 열을 전달하는 매체로는 물, 공기, 기름, 수증기가 있다.

① 물

물은 삶기, 데치기, 끓이기와 같은 습식가열에서의 열전달 매체이다. 열원에서 냄비로, 냄비에서 물로, 물로 전달된 열이 다시 식품으로 이동하는 방식이다. 이때의 열전달 방식은 주로 전도와 대류이다. 물은 좋은 전도체로 식품을 빨리 가열시킨다.

② 공기

공기는 굽기나 브로일링, 로스팅과 같은 건열 조리 시 복사와 대류에 의해 열을 전달하는 매체이다. 열전도율이 비교적 낮은 비전도체로 조리시간이 오래 걸린다.

③ 기름

기름은 튀기기, 볶기, 부치기 등에서 열전달 매체가 된다. 기름이 대류되어 식품 표면에 열이 고르게 분산되고 식품이 기름과 접촉하게 되면 전도에 의해 식품에 열이 전달된다. 기름은 비열이 낮아 열전달 속도가 빠르고 끓는 점이 높아 조리시간을 단축할 수 있다.

④ 수증기

찌기와 같은 습열조리를 할 때 수증기는 열을 전달하는 매체가 되고 이때 열전달 방식은 전도와 대류이다.

(4) 열전도와 열전도율

어떤 물체에 온도차가 있을 때 고온부로부터 저온부로 열이 흘러 이동하는 상태를 말한다. 물체 내 또는 접해 있는 물체와의 사이에 온도가 균일하지 않을 경우 온도는 균일하게 되려고 하므로 열의 흐름이 일어난다.

이때, 열전도를 나타내는 척도를 열전도율이라 하는데 열전도율이 큰 것은 금속으로 은 · 동은 특히 열전도율이 크다. 액체는 중간 정도의 열전도율, 공기는 열전도율이 매우 낮다.

3. 물을 이용한 조리

(1) 물의 끓는 점과 녹는 점

① 물 끓는 점

물이 일정한 압력과 온도에서 기화가 시작되는 온도를 끓는 점(boiling point)이라고 한다.

끓는 점에 영향을 주는 인자

- **대기압** : 대기압은 끓는 온도에 영향을 주는데 이때 가압냄비를 사용하면 밀폐된 뚜껑이 수증기를 가두어 에너지가 냄비 안으로 전도되어 압력을 높임으로써 끓는 온도가 높아진다.
- **증기압** : 소금과 설탕은 용액의 증기압을 낮춰 용액이 끓기 위해서는 더 많은 열을 공급해야 한다. 설탕용액은 설탕 1몰랄 농도당 0. 52°C, 소금용액은 소금 1몰랄 농도당 1. 04°C의 끓는 온도를 높인다.

② 물 어는 점

순수한 물은 0°C에서 언다. 물과 용질이 섞여있는 수용액의 경우 어는 점이 낮아지는데 설탕물의 경우는 설탕 1몰랄 농도당 −1. 86°C씩 어는 점이 낮아지고 소금물의 경우 소금 1몰랄 농도당 −3. 72°C씩 어는 점이 낮아진다.

활용 예) 설탕함량이 많은 냉동 후식류의 경우 얼리는 시간을 연장해야 한다.
얼음과 암염의 혼합물로 채운 아이스크림 제조기의 외부.

4. 용매로서의 물

(1) 결합수와 자유수

식품의 물은 탄수화물, 지질, 단백질 등의 용질과의 결합 정도에 따라 결합수(bound water) 또는 유리수(free water)로 존재하게 된다.

① 자유수

자유수 또는 유리수라고도 한다.

식품 중 당류, 염류, 비타민, 수용성 단백질 등의 가용성 물질을 녹이는 역할 또는 전분, 지질 등과 같은 불용성 물질을 분산시키는 역할을 하는 용매로 작용하는 물이다. 조리에 사용하는 일반적인 물은 자유수이다.

② 결합수

결합수는 전분, 단백질, 펙틴 등의 극성그룹이나 이온 가까이 단단하게 결합되어 용질을 녹여줄 수 있는 용매로서 작용하지 못하는 물이다.

5. 분산상태

식품은 두 가지 이상의 물질로 이루어진 혼합물 또는 분산되어 있는 상태인데 식품 내에 존재하는 여러 성분들은 세포내에서 함께 존재하는 수분에 분산되어 있는 형태이다. 분산 형태를 결정하는 요인은 분산되는 분자 또는 입자의 크기인데 진용액, 교질용액, 현탁액으로 분류할 수 있다.

(1) 진용액

1nm 이하의 크기가 아주 작은 분자나 이온이 용해된 것으로서 가장 안정한 상태이다.

소금물이나 설탕물은 물에 완전히 용해되어 진용액을 형성하는데, 소금물과 설탕물에서 나트륨이온과 염소이온, 설탕 분자는 용질에 해당되고 물은 용매이다.

① **용액** : 어떤 물질이 다른 한 물질 속에 용해되었을 때 균질상태를 형성하는 것.
예) 설탕물

② **용질** : 용액 안에 용해되는 물질 (예. 설탕물에서 설탕)

③ **용매** : 용질을 용해시키는 물질 (예. 설탕에서 물)

(2) 교질용액

교질용액은 진용액과 부유 상태를 구성하는 입자의 중간 크기인 1~100 nm분자로 분산질과 분산매로 이루어지며 액체나 고체 또는 기체로 구성되어 있다.

교질용액을 형성하는 분산질의 입자는 브라운 운동을 하는데 브라운 운동은 모든 방향으로 움직이고 있어 분자들끼리 충돌해서 가라앉지 않는다.

① 졸(sol)과 겔(gel)

액체 속에 미립자의 분산질이 분산하고 유동성을 보유하고 있는 것을 '졸'이라 한다. 졸 상태의 용액이 온도, 농도, pH 등의 요인으로 인해 불안정하여 고체처럼 변하는 것을 겔이라 한다. 겔의 종류에 따라 다시 졸로 되돌아가는 현상을 가역적 겔이라고 한다.

② 유화

두 개의 섞이지 않는 물질을 강력하게 교반해 주거나 제3의 물질을 첨가하면 혼합된 상태가 된다. 이처럼 섞이지 않는 두 가지 물질이 서로 혼합된 상태를 유화라 한다.

③ 유화액

유화 액은 하나의 액체가 서로 섞이지 않는 다른 액체 내에 작은 방울상태로 안정하게 분산되어 있는 상태를 유화액이라 하며 서로 섞이게 도와주는 물질을 유화제라고 한다. 유화액은 수중유적형(oil in water, O/W) 유화액과 유중수적형(water in oil, W/O) 유화액으로 분류한다.

(3) 현탁액

액체 분산매 중에 고체가 입자로 분산된 상태로 입자가 100nm 이상으로 커서 침전되기 쉽고 불안정하다. 물에 용해되지 않고 쉽게 가라앉는다. 젓지 않고 그대로 두면 중력에 의해 쉽게 가라앉는다.

예) 물에 전분이나 밀가루를 풀어 놓은 상태

6. 조리방법

1. 비가열 조리

식품 고유의 맛과 향, 색, 질감을 살려 신선한 상태 그대로 조리하는 방법으로 주로 생채, 냉채, 샐러드, 어패류 회와 육회 등이 있다.

수용성 성분이나 영양성분의 손실이 적고 식품 고유의 맛을 살릴 수 있으며 조리방법이 간단하다는 장점이 있다.

2. 가열조리법

가열 조리법으로는 물을 열전달매체로 이용하는 습열조리, 공기나 기름을 열전달매체로 이용하는 건열조리, 건열과 습열의 조리방법이 복합적으로 사용되는 복합조리, 식품 내부에서 발생하는 열을 이용하여 조리하는 초단파 조리가 있다.

식품 가열 시 단백질, 전분 등 식품 내의 성분이 변화되어 외관, 향, 맛의 변화가 일어난다. 가열조리는 전분성 식품의 소화율을 높이고 식품의 안전성을 증가시키며, 식품의 조직을 연화시키고 풍미가 증가되며 불미성분을 제거하는 등 장점이 있다.

(1) 습열조리법

습열조리는 식품 자체가 가지고 있는 수분 외에 물을 열전달매체로 이용하는 조리법으로 열이 물 또는 증기에 의해 전도되어 조리되는 것이다. 습열조리법에는 시머링(simmering), 끓이기(boiling), 포칭(poaching), 찌기(steaming), 살짝 데치기(blanching)가 있다.

① 데치기

데치기(blanching)는 재료를 끓는 물에 넣어 순간적으로 익혀 내는 조리법이다.

주로 채소의 색을 유지하거나 어패류 · 육류의 불쾌한 냄새를 제거하는 데 이용된다. 데치기를 통해 색을 보존하거나 좋은 질감을 유지해 준다. 특히 채소를 냉동저장하거나 건조채소를 만들 때 전처리 과정으로 이용하며, 효소의 불활성화로 채소의 변색을 억제하고 식품 특유의 불쾌한 냄새나 불순물을 제거할 수 있다.

② 끓이기

끓이기(boiling)는 물이나 조미액을 열전달매체로 사용하며 액체에 재료를 잠기게 하여 100°C 이상에서 조리하는 방법이다. 끓이는 과정에서 수용성 성분의 용출, 조미료의 침투 등이 일어난다. 또한 끓는 온도를 100°C로 유지할 수 있어 음식물을 고르게 익힐 수 있고, 조리 온도의 조절이 가능하며 가열 도중에 조미할 수 있는 특징이 있다. 예로 곰국, 찌개, 전골 등이 있다.

③ 시머링

시머링(simmering)은 물의 끓는점 이하에서 매우 잔잔한 거품이 일어나는 액체에서 서서히 끓이는 방법으로 설렁탕, 곰탕, 육수, 서양요리의 콘소메 수프처럼 오랜 시간 끓여내는 조리법이다. 시머링은 재료를 뒤집을 필요가 없고 조리 중 조미료를 첨가할 수 있다. 시머링의 목적은 식품의 조직을 연화시키고 단백질을 응고시키며, 불미성분의 제거, 전분의 호화, 살균, 소독 등이다. 그러나 수용성 비타민, 무기질 그리고 지미성분의 용출로 영양성분이 손실되므로 수용성 성분의 손실을 막도록 조리하여야 한다.

④ 포우칭

포우칭(poaching)은 서양조리에서 많이 사용되는 조리방법으로 65~82°C의 거품이 일지 않는 정도의 뜨거운 액체에서 재료를 넣고 조리하는 방법이다. 주로 생선이나 달걀과 같은 섬세한 음식을 조리할 때 많이 이용된다.

가. 섈로 포칭(shallow poaching)

재료가 조리액체에 반 정도 잠기게 하여 조리하는 것으로 식품을 얕은 팬에 놓고 소량의 액체를 부어 익히는데 액체의 온도가 올라감에 따라 발생된 수증기로 인해 스팀 효과가 일어나 재료가 익는 방식이다. 대표적인 조리방법으로는 갈치조림, 솔 모르네(sole mornay)가 있다.

나. 딥 포칭(deep poaching)

재료가 액체에 완전히 잠기게 하여 익히는 조리법으로 남은 액체를 이용하지 않는다. 조리 예로는 샤브샤브처럼 육류, 버섯, 해산물을 익히거나 수란을 만드는 데 이용한다.

⑤ 찌기

찌기(steaming)는 많은 에너지를 보유하는 수증기 속에서 물의 기화열을 이용하여 식품을 가열하는 조리방법으로 찌는 온도는 100°C 정도이다. 찌기의 장점은 식품 고유의 형태를 유지할 수 있고 식품에 직접 물을 가하지 않으므로 수용성 성분의 용출을 막아 손실이 적고 식품 자체의 맛 성분을 유지할 수 있다. 그러나 간접적인 가열이므로 조리 시간이 비교적 길고 에너지도 많이 소비된다. 또한 찌는 음식은 가열 중에 조미할 수 없으므로 미리 간을 하여 찌거나 쪄낸 다음에 간을 해야 한다.

⑥ 삶기

삶기는 물을 이용하는 대표적 조리방법이다. 대체로 삶은 내용물만 사용하고 물은 버리는 경우가 많다. 삶는 과정을 거쳐 재료의 질감은 부드러워지고 육류는 단백질이 응고되고, 건조식품은 수분의 흡수가 촉진된다. 또한 재료의 색감이 좋아지고 불미성분의 제거도 가능하다. 조리의 예로는 국수 삶기, 수육 등이 있다.

(2) 건열조리법

건열조리는 열 전달매체로 물이 아닌 기름을 사용하거나 뜨거운 공기나 조리기구가 열원에 의하여 고온으로 되었을 때 생기는 복사열에 의한 조리법이다.

복사 에너지의 열원은 가스불, 나무나 숯에서 나오는 불 등으로 고온의 물질에서 저온의 물질로 이동한다. 예를 들면 숯불요리는 고온의 숯에서 만들어진 복사에너지가 저온의 음식으로 이동하여 흡수되는 것이다. 건열조리법으로는 굽기, 볶기, 지지기, 튀기기 등이 있다. 서양조리에서는 그릴링, 브로일링, 로스팅, 베이킹, 소테, 스터 프라잉, 팬 프라잉 등이 있다.

1) 굽기

굽기는 기름이나 물의 사용없이 높은 열로 빠른 시간 내에 조리한다. 조리과정 중 식품 내 단백질이 응고되어 수분을 침출시키고 동시에 세포는 열을 받아 익게 되어 조직이 연화되며, 지방의 분해와 당질의 캐러멜화로 풍미를 증가시킬 수 있다. 물의 사용이 없어 수용성 영양성분의 유출이 적고 가열에 의해 분해된 것도 표피 가까이 조직에 보유되어 식품 자체의 성분이 용출되지 않아 식품 고유의 맛을 살릴 수 있다.

① 오븐구이

열전달 매체는 주로 복사열과 대류 열로 오븐이 가열되어 생긴 복사열과 뜨거워진 공기의 대류 열에 의하여 오븐 내의 식품을 익히는 방식이다. 주로 쇠고기, 돼지고기 등의 육류나 닭, 칠면조 등 가금류의 고기를 덩어리째 오븐에서 조리하는 방법을 로스팅(roasting)이라고 하며 빵과 과자류를 오븐에서 굽는 것을 베이킹(baking)이라고 한다.

② 직접구이

요리하고자 하는 식재료에 직화로 조리하는 방법으로 육류나 어패류, 채소류의 조리에 이용하며 높은 열로 단시간에 조리하는 것이 특징이다. 스테이크, 바비큐, 갈비, 등심구이, 너비아니구이, 생선구이, 더덕구이 등이 있다. 서양조리에서는 열원이 상단에 있는 브로일링, 열원이 하단에 있는 그릴링 등이 있다.

• 그릴링

그릴링(grilling)은 열원이 식품재료의 하단에 있어서 하단 직화 구이라고 한다. 복사열로 재료를 익히는 방법으로 연료로는 전기, 가스, 석탄, 나무, 숯 등이 사용된다. 육류나 어패류, 채소류를 그릴의 위에 올려 150~250°C에서 조리한다. 열원이 식품재료의 하단에 있어 복사열과 전도열에 의해 조리가 되므로 식품 표면에 닿는 면에 그릴 자국이 생기는 것이 브로일링과의 차이이다.

• **브로일링**

브로일링(broiling)은 열원이 식품재료의 상단에 있어 상단 직화구이라고도 한다. 복사열로 식품을 조리하는 방법으로 280~300°C의 높은 열로 단시간에 조리하는 방법으로 브로일러나 살라만더를 이용한다. 처음에는 높은 열을 사용하여 빠르게 고기 표면을 시어링(searing)하고, 낮은 온도에서 원하는 정도로 충분히 익힌다. 열원이 식품 상단부분에 있어 복사열에 의한 조리만 가능하다.

③ 간접구이

열원 위에 철판이나 팬 등의 조리 기구를 올려놓고 간접적으로 조리하는 방법으로 철판구이, 팬 구이 등이 있다. 서양조리에서는 팬 브로일링이 여기에 속한다. 가열된 냄비나 프라이팬에 센불로 고기의 표면을 익힌 후 불을 약하게 하여 식품 내부까지 익히는 방법이다.

2) 볶기

5~10% 정도의 적은 양의 기름을 이용하여 고온에서 단시간 조리하는 것이 특징으로 영양 손실이 적고 수분증발로 인한 농축효과가 있는 것이 장점이다.

① 소테(sauteing)

소테는 프랑스어로서 "to leap or jump"(껑충 뛰어오르다)의 뜻이다. 소테는 아주 적은 양의 기름을 프라이팬에 두른 후 고온에서 단시간 조리하므로 수용성 성분의 용출이 적고 비타민의 파괴도 적다. 또한 볶는 과정에서 식품의 수분이 빠져나오는 대신 기름이 흡수되므로 풍미를 증가시킬 수 있다. 물을 이용한 조리법보다는 조직의 연화가 어려우므로 육질이 연한 식품에 주로 이용된다.

② 스터 프라잉

스터 프라잉(stir frying)은 소테보다는 넉넉한 기름을 이용하여 아주 센 불에서 저으면서 볶는 조리법이다. 무거운 금속으로 만든 둥근 바닥 모양의 중화 팬인 웍(wok)으로 조리하는 것이 이에 해당한다. 고온에서 단시간 조리하는 것으로 수용성 비타민류의 손실이 적고 지용성 비타민의 경우 이용 효율을 높여준다. 주로 중식에서 많이 사용되는 조리법이다.

3) 부치기

부치기(pan frying)는 열전달매체로 기름을 사용하며 일반적으로 얕은 팬에 소량의 기름을 넣고 고온에서 조리하는 방법으로 주로 육류, 생선, 채소 등에 이용된다. 부치기는 재료에 따라 그대로 부치는 경우와 부치기 전에 빵가루나 밀가루로 표면을 입혀 식품 속의 수분이 빠져나오는 것을 방지하기도 한다. 조리 시 적어도 한 번은 뒤집어 주어야 하고 발연점이 높은 기름을 사용하는 것이 좋다.

4) 튀기기

튀기기(deep frying)는 기름을 열매개체로 하여 가열하는 방법으로 고온의 기름에 식품을 넣어 기름에 완전히 잠기게 해서 가열하는 조리법이다. 주로 튀기기 전에 빵가루나 밀가루 반죽을 입힌 후 튀긴다. 기름의 사용 온도범위는 150~200°C로 물보다 높은 온도를 이용하므로 단시간에 조리할 수 있고 영양소의 파괴가 적다. 튀기는 조리법은 식품재료 내의 수분과 튀김 기름의 교환이 이루어져 풍미를 증가시킨다. 딥 프라잉은 발연점이 높고 회복기간이 짧은 기름을 사용하는 것이 좋다. 이 조리법의 특징은 단시간에 고온으로 조리하므로 최소한의 지방을 흡수하고 수분 손실이 적으며 수용성 비타민의 손실이 적다.

(3) 복합조리법

복합조리법은 혼합조리법이라고도 하며, 건열로 조리한 후 액체를 넣고 습열을 이용해서 조리하는 방법으로 건열조리와 습열조리가 복합적으로 이루어진다. 복합조리법으로는 브레이징(braising)과 스튜잉(stewing)이 있다.

① 브레이징

브레이징(braising)은 한국요리의 '조린다'라는 의미이다. 건열과 습열을 이용하는 조리법으로 고기나 채소를 팬에 소량의 기름을 넣고 앞뒤, 양면을 갈색이 나고 향미가 증가되도록 구운 후 냄비에 넣고 스톡이나 다른 액체를 고기의 반 정도쯤 잠기게 부어 뚜껑을 덮어 푹 끓이는 방법이다. 조리된 음식은 겉은 약간 바삭거리고, 속은 부드럽게 된다. 뿌리채소 같은 단단한 채소를 깔고 육류를 넣기도 하고 사태, 어깨부위, 가슴살 같은 결체조직이 많은 질긴 부위를 연하게 하는 조리방법으로 한식의 찜과도 비슷하다.

② 스튜잉

스튜잉(stewing)은 건열과 습열을 겸해서 사용하는 조리법으로 뚜껑이 있는 냄비를 이용하여 브레이징보다 낮은 온도로 서서히 조리하는 방법이다. 스튜는 작은 덩어리의 고기를 고온의 열로 표면에 색을 낸 다음 습열로 조리하는 특징이 있다. 원리는 브레이징과 비슷하나 재료의 크기가 브레이징보다 작고 액체를 재료가 덮을 정도로 사용한다.

(4) 초단파조리(microwave cooking)

초단파 조리법은 초단파가 식품에 조사되면 식품 자체에 있는 물 분자를 급속히 진동시켜서 열이 발생되는 원리를 이용한 조리법이다. 극초단파에서 얻어지는 에너지를 조리열원으로 이용하는 조리 기구를 전자레인지라고 한다. 초단파조리는 식품의 외부와 내부에서 동시에 가열되므로 가열시간이 매우 짧아서 영양소의 손실이 적고 에너지도 절약할 수 있으며 육류의 조리 손실도 줄일 수 있다. 반면에 휘발성 풍미 성분은 일반 조리의 30%밖에 되지 않고 갈변현상이 일어나지 않는다.

주로 수분함량이 높은 식품에서 이용하고 극초단파는 수분은 흡수하고 종이, 유리, 자기, 플라스틱 등은 투과하나 금속은 반사하므로 전자레인지에 사용하는 그릇으로 금속류는 적합하지 않다.

Chapter

Ⅳ

분자 요리 실습

1. 하이드로 콜로이드를 이용한 창작요리의 이해

1. 알긴과 염화칼슘을 이용한 구체화 만들기

알긴산과 염화칼슘을 이용해 구체화를 만들기 위해서는 pH 4~4.5가 적당하며, 그 범위에 들지 못하면 구화를 만들기가 어렵기 때문에 구연산을 첨가하여 pH 4~4.5가 되도록 해야 한다.

예를 들면 레몬즙은 pH 2.4이고, 오렌지주스는 pH 3.5 정도이다 따라서 구연산을 첨가하여 pH 조절 후 만들어야 가능하다. 만약 pH 조절이 어렵다면 아가와 식용유를 이용해서 구체화를 만들 수 있다.

그리고 염화칼슘이 들어있는 액체는 이미 반응하였기에 작용하지 않으므로 사용할 수 없다.

(1) 다이렉트(direct) 기법

다이렉트 기법은 알긴산을 염화칼슘에 넣어서 반응하도록 하여 구체화를 만들어 내는 방법을 말한다. 리버스(Reverse)는 반대로 하는 기법으로 염화칼슘을 알긴산에 넣어서 반응을 통하여 얻고자 하는 내용물을 만드는 방법이다.

만드는 방법은 다음의 내용과 같다.

TEXTURAS
Calcic
Agar
Iota
Stovetop Smoker
WOOD CHIPS
CHERRY
글리스터

하이드로 콜로이드 재료

01 하이드로 콜로이드를 이용한 조리

다이렉트 기법

산도계로 pH 확인

pH를 조정 후 pH 측정

최종 pH 확인 후 실행

알긴산을 자루냄비에 넣는다.

70˚C까지만 온도를 높여준다 알긴페이스트를 만든다.

망고주스를 200 mL 믹싱 볼에 담는다.

망고주스에 알긴페이스트 15 mL 넣어서 잘 섞어준다

물 1L에 염화칼슘 15 mL를 넣고

염화칼슘이 물에 잘 녹도록 저어준다.

망고주스에 알긴페이스트를 넣은 것을 염화칼슘 물에 스푼으로 둥근모양이 되도록 서서히 부어 담는다.

약 1~3분 후 딱딱하기 전에 아미스푼으로 꺼낸다.

생수에 한 번 씻어서 물기를 제거하고 접시에 담는다.

용기에 소스와 함께 구화를 담아준다.

완성품

(1) 알긴산 페이스트 만들기

[재료] 물 300 mL, 알긴산 15 mL

(2) 구체화 만들기

[재료] 망고 주스 300 mL, 알긴산 페이스트 15 mL

(3) 염화칼슘 수용액 만들기

[재료] 물 1L, 염화칼슘 7~10 g

만드는 방법

1. 물 300 mL에 알긴산 15 mL을 넣고 블랜더로 섞은 후 냉장고에 1시간 이상을 두어 완벽히 수화가 된 알긴산 페이스트를 만든다. 알긴산 페이스트를 빨리 만들려면 따뜻한 물(50℃)에 당과 함께 수화시킨다.
2. 물 1L와 염화칼슘 7~10g를 섞어 염화칼슘 수용액을 만든다.
3. 겔을 만들고 싶은 액체와 알긴산 페이스트를 섞는다.
4. 주사기나 스포이트 또는 둥근 스푼에 담아 염화칼슘 수용액에 천천히 떨어뜨린다.
5. 주사기 바늘을 이용해 공기를 주입하면 떠오르며 아미스푼으로 건져 깨끗한 물에 씻는다.

Check Point

염화칼슘 수용액에 오래 두면 계속 반응을 일으켜 딱딱해지므로 식감을 얻으려고 한다면 1~2분 후에 다른 식수로 옮겨 담아야 한다. 참고사항으로는 용액 별로 pH와 온도를 연구해서 살펴본 결과, 알긴산 페이스트 온도는 8~13도, 염화칼슘 수용액 pH 7~9 정도이며, 온도는 11~12℃이다. 그리고 망고 주스는 pH 3.7~9이고 망고 주스+알긴산 pH 4~4.5이며, 온도13~15℃ 범위 내에서 조리한다면 하고자 하는 구화가 잘 만들어지므로 용액별로 각각 다르기 때문에 용도에 맞게 사용하는 것이 바람직하다.

(2) 리버스(Reverse) 기법

리버스(reverse) 만드는 방법은 다이렉트 방법과 반대로 아래와 같이 한다.

리버스 방법은 칼슘이 들어 있으면 구체화가 잘 안 되기 때문에 다이렉트 방법의 반대로 구체화를 만드는 방법을 말한다. 예를 들면 칼슘이 없는 망고 주스에 염화칼슘 또는 젖산칼슘을 넣고 알긴 페이스트를 묽게 만든 뒤 알긴 용액에 주사기에 넣은 망고 주스를 떨어뜨리면 구체화가 되며, 외부에서만 반응하여 오래 두어도 속은 소프트한 구체화를 만들 수 있다.

또 다른 방법으로는 감을 리버스 방법으로 구체화를 만들고자 할 때에는 블렌더로 곱게 갈은 후 체(아미)에 걸러서 젖산 칼슘을 넣고 실리콘 몰드에 얼려서 알긴산 수용액에 넣으면 젖산칼슘과 반응하여 겉 표면에 표피가 생성되어 막을 형성하면서 구체화를 만들 수 있다. 또한 미지근한 물에 넣어서 속이 얼었던 것이 녹아 액체로 되어서 두 가지의 소스 맛을 느낄 수 있다.

(1) 리버스(Reverse) 방법으로 만들기

[재료] 망고 주스 200 g, 칼슘 2.5 mL

(2) 알긴 수용액

[재료] 물 200 mL, 알긴페이스트 13 mL

02 하이드로 콜로이드를 이용한 조리

리버스 기법

만드는 방법

1. 망고주스에 염화칼슘을 넣고 잘 녹도록 저어준다.
   캔 망고일 경우 블렌더로 갈아 준 뒤 아미에 걸러준 후 젖산칼슘을 넣어준다.
2. 알긴 수용액은 물에 알긴페이스트를 넣고 잘 섞이도록 저어준다.
3. 망고주스를 주사기에 넣어 알긴산 수용액에 떨어뜨려 구체화를 만든다.
4. 약 2~3분 후 아미스푼으로 꺼내 사용한다.

70˚C까지만 온도를 높여준다 알긴페이스트를 만든다.

망고주스를 200 mL 젖산칼슘 5 mL 넣고 잘 저어준다.

물 200 mL에 알긴페이스트 13 mL를 넣어준다.

물과 알긴 페이스트가 잘 섞이도록 휘핑기로 저어준다. 그러면 농도가 걸쭉해진다.

알긴 용액에 망고 주스를 떨어뜨리면 구체화가 된다.

03 망고 주스와 우유를 이용한 써니 사이드업 달걀요리

Sunny Side-up with Mango Juice and Milk

아가(agar)의 특징

우뭇가사리의 원료로 '한천'이라고도 불리며, 차가운 곳에 두면 금방 굳는 성질을 가지고 있다. 또한 달라붙지 않으며 표면이 매끈하고, 굳은 것을 60˚C 이상 온도를 올려주면 액체 상태로 돌아와 다시 사용할 수 있다.

써니사이드업 에그 프라이 표현하기

(1) 계란 흰자 만들기

[재료] 우유(코코넛크림) 200 mL,
아가 8 mL, 소금 0.5 g, 후추 0.1 g

(2) 계란노른자 만들기

[재료] 망고주스 200 mL,
알긴페이스트 15 mL
염화칼슘 수용액
물 1 L, 염화칼슘 7~10 g

아가를 넣고 70˚C까지 끓여준다.

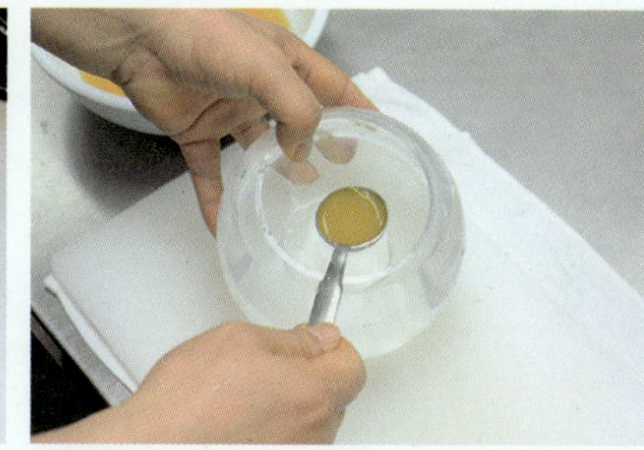

구화 만들기

토치로 컬러 내는 과정

완성된 에그 프라이

만드는 방법

1. 우유 200 mL에 아가 8 mL넣고 거품기로 잘 섞어준다.
2. 에그 프라이 사이즈 둥근 접시에 비닐을 깔고 70℃까지 덥힌 우유를 한 번 부어서 굳히고 다시 부어서 약간의 층을 만들어 에그 프라이 표현을 한다. 냉장고에서 약 20~30분 후 꺼내어 접시에 담는다.
3. 알긴을 이용한 망고주스 캐비어를 위에 얹어준다.
4. 토치를 이용해 가장자리를 살짝 그을려 브라운 컬러를 내어준다.
5. 써니 사이드업 모양이 되어 잘 식으면 스패튤러를 이용해 떼어낸다.

04 아가를 이용한 간장, 비트, 당근, 오렌지, 치즈 누들 만들기

Soy Noodles Beet, Carrot, Orange, Cheese with Agar

① 간장이 아닌 과일주스, 채소주스, 발사믹 등 다양한 용액을 이용해도 가능하다.

② pH에 크게 영향을 받지 않는다.

③ 계속 반응을 일으키지 않고 물에 씻지 않아도 된다.

아가, 젤라틴을 넣고 70°C까지 끓여준다.

주사기로 호스에 담는다.

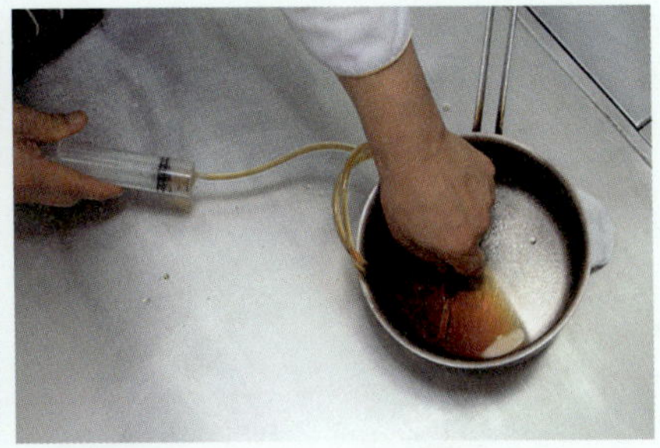

약 20분 동안 얼음물에 담근다.

얼음 물에서 식혀 준다.

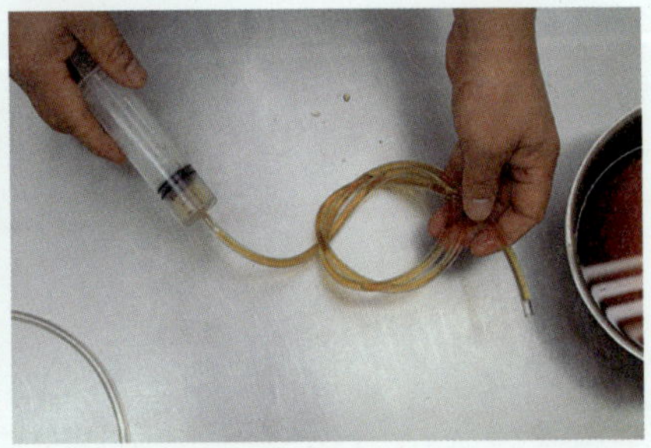

주사기로 압력을 가하여 누들을 뽑아낸다.

[재료] 치킨스톡 200 mL, 간장 20 mL, 아가 13 mL, 판 젤라틴 1 장

만드는 방법

1. 치킨스톡 200 mL에 간장 20 mL 아가 13 mL를 넣고 잘 섞이도록 저어서 살짝 끓여 준다.
2. 주사기에 1.을 담아 실리콘 호스에 연결시켜 끝까지 주입해 준다.
3. 얼음물에 호스를 담가 식힌다.
4. 30분 후 주사기에 찬물을 담아 실리콘 호스에 연결시켜 굳은 간장을 밀어서 빼 낸다.
5. 빼낸 국수를 접시에 담아 표현한다.

05 아가와 기름을 이용한 캐비어 요리
Caviar Dishes with Agar and Olive Oil

[재료] 스톡 50 mL, 간장 30 mL
아가 8 mL, 식용유 300 mL

만드는 방법

1. 식용유를 냉장고에 1일 정도 보관했다 사용한다.
2. 스톡에 간장을 넣어 맛과 색깔을 내어준다.
3. 아가를 넣고 블렌더로 갈아 주면서 약 80°C 이상까지 온도를 올려 준다.
4. 블렌더로 희석시킨다.
5. 주사기에 담아 냉장고에 있던 식용유에 떨어뜨려 캐비어를 만들어 낸다.
6. 약 2분 후 꺼내어 기름을 빼고 사용한다.

06 맑은 토마토 주스로 맥주 표현하기

Refined Tomato Juice Expressing beer

(3) 거품 만들기

레시틴

토마토를 썰어준다.

토마토를 갈아준다.

아가를 넣고 끓여 준다.

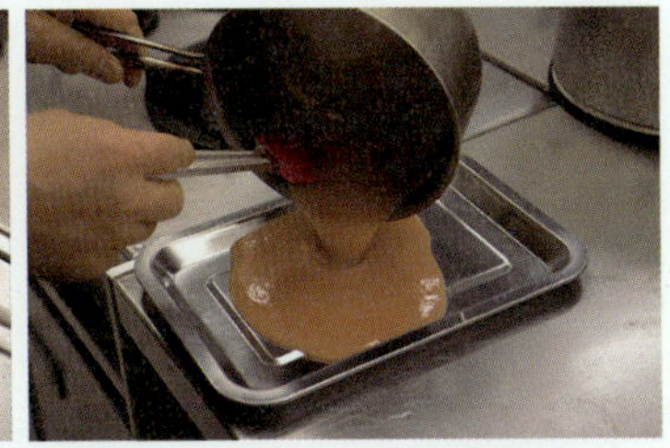
팬에 담아 냉장고에 넣어 식힌다.

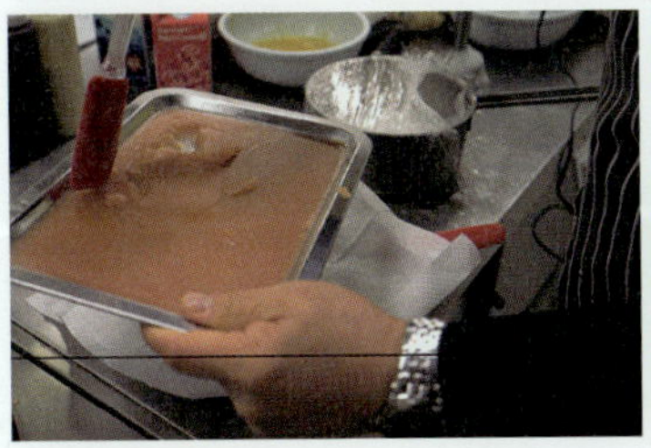
살짝 굳으면 냉장고에서 꺼낸다.

잘게 썰어준다.

소창에 넣고 짜준다.

맑은 토마토 주스를 레시틴에 넣고 거품을 낸다.

거품을 얹어준다.

[재료] 토마토 주스 300 mL,
아가 10 mL, 설탕 1 mL

만드는 방법

1. 토마토를 끓는 물에 데친 후 껍질을 제거한다.
2. 생 토마토를 주서기에 내려서 주스를 추출한다.
3. 소스 팬에 토마토 주스와 아가를 넣고 80°C 정도 덥인 후 식혀서 냉장고에 약 20분 식힌다.
4. 20분 후 블렌더로 갈아서 소창에 담아 맑은 주스를 다시 추출한다.
5. 글라스에 담고 맨 위에 거품을 얹어 준다.

01 올리브오일 수프 요리
Olive Oil Soup

2. 수프(Soup) 만들기

치킨스톡을 고운 체에 걸러서 소스 포트에 담는다.

치킨스톡에 농도를 맞추기 위해 타피오카 파우더를 넣는다.

끓은 후 올리브기름을 넣는다.

스톡과 타피오카, 올리브 기름을 혼합시킨다.

비트로 맛을 내고 아가로 고체를 만든다.

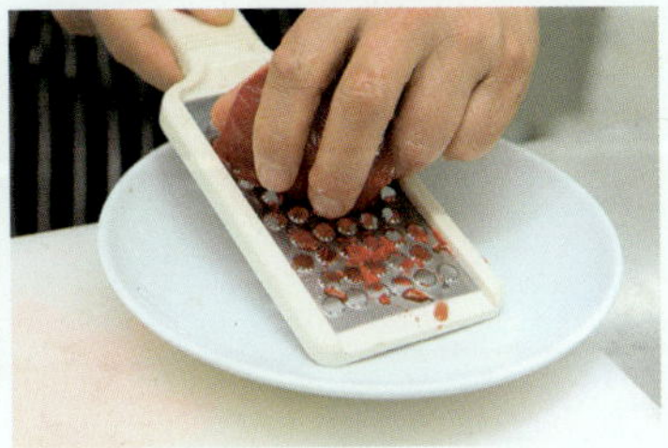

강판에 갈아서 수프 가니시를 만든다.

장미향을 넣은 망고 라비올리를 담는다.

자몽과 양송이 거품을 얹고 채소로 가니시 마무리를 한다.

[재료] 치킨스톡 200 mL, 타피오카 파우더 5 mL
올리브 오일 30 mL, 소금 0.5 mL
후추 0.3 g, 양송이 20 g, 민트 0.5 g
자몽 1 g, 장미향

만드는 방법

1. 치킨스톡이 끓으면 타피오카를 넣고 농도를 맞추면서 잘 저어준다.
2. 양송이는 진공 팩에 넣어서 올리브 오일, 소금, 후추 등을 첨가한 후 80°C에서 20분 수비드한다.
3. 치킨스톡에 엑스트라 버진 올리브 기름을 서서히 넣어주면서 잘 저어주고 소금과 후추로 맛을 내고 수프 볼에 양송이 3쪽 자몽을 담고 서서히 부어준다.
4. 생크림에 레시틴을 이용해서 거품을 만들어 올려준다.

02 감자 뇨키를 곁들인 비프 콘소메 수프

Beef Consommé Soup with Potato Gnocchi

[재료] 소고기 간 것 300 g, 양파 60 g
셀러리 30 g, 토마토 30 g
어니언 브루리(양파) 10 g
달걀흰자 3 ea, 소고기육수 1 L
닭고기 육수 1 L, 월계수잎 1 ea
파슬리 2 g, 소금 2 g

• 감자 뇨키

[재료] 감자 50 g, 버터 25 g, 생크림 13 g
소금 2 g, 후추 0.5 g
알긴 페이스트 20 mL
물 400 mL, 염화칼슘 10 mL

염화칼슘 용액 만들기

포테이토에 알긴산을 넣는다.

베이커리백에 넣고 수용액에 넣는다.

알긴산과 염화칼슘의 반응을 길게 만든다.

가위로 뇨키 포테이토 크기로 자른다.

생수에 씻어낸다. 아미스푼으로 건져낸다.

접시에 담는다.

수프와 함께

수프 담기

비프 콘소메 만드는 방법

1. 미르푸아와 소고기 간 것 달걀흰자와 향신료를 넣고 골고루 혼합한다.
2. 그리고 어니언 브루리(양파)를 섞어서 스톡을 넣어준다.
3. 처음에는 센 불로 저어 주면서 끓여 주다가 75°C에서 달걀흰자가 응고되기에 불을 약하게 한다.
4. 중앙에 끓는 숨구멍을 터주고 약불로 솔솔 끓여 준다.
5. 가운데 아미를 넣고 국자로 떠서 소창에 걸러서 사용한다.

만드는 방법

1. 수비드 진공 팩에 감자를 썰어서 버터, 생크림, 소금, 후추를 넣고 진공밀봉한다.
2. 수비드 온도는 85°C에서 5시간 수비드한다.
3. 익은 감자를 핸드 블렌더로 곱게 갈아 준다.
4. 곱게 갈은 감자 200 mL에 알긴페이스트 15 mL를 넣고 잘 섞어준다.
5. 패이스트리 백에 넣어서 염화칼슘 물에 둥근 원을 그리면서 짜준다.
6. 약 1분 후 칼슘 물 안에서 가위로 사용할 크기로 잘라서 사용한다.

03 코코넛 밀크와 홍시감 콘소메 수프
Consommé Soup with Coconut Milk and Persimmon

코코넛 크림에 알긴산을 넣고 혼합 한다.

홍시 감을 라비올리로 만든다.

코코넛 크림에 감 라비올리를 넣고

염화칼슘에 넣어서 달걀 수란을 만든다.

물을 회전시켜서 둥근 모양으로 만든다.

[재료] 양파 6 g, 당근 5 g, 셀러리 6 g
파슬리 2 g, 감 주스 150 mL
치킨스톡 150 mL, 달걀흰자 50 mL
소금 3 g, 후추 0,5 g, 홍시감 30 mL
코코넛 밀크 100 mL
알긴산 페이스트 20 mL
물 400 mL, 젖산칼슘 2.5 mL

만드는 방법

1. 미르포아와 감, 소고기 육수에 달걀흰자와 향신료를 넣고 골고루 혼합한다.
2. 그리고 어니언 브루리(양파)를 섞어서 스톡을 넣어준다.
3. 처음에는 센 불로 저어 주면서 끓여 주다가 75°C에서 달걀흰자가 응고되면 불을 약하게 한다.
4. 중앙에 끓는 숨구멍을 터주고 약불로 솔솔 끓여 준다.
5. 가운데 아미를 넣고 국자로 떠서 소창에 걸러서 사용한다.
6. 홍시 감의 껍질을 벗기고 으깨서 아미에 내린다.
7. 홍시 감을 리버스로 라비올리를 만들어 수프 가니시로 얹어 준다.

04 당근과 코코넛 밀크로 거품을 낸 수프
Soup with Carrots and Coconut Milk Bubble

치킨스톡을 고운체로 걸러준다.

코코넛크림을 넣고 끓여 준 후 맛을 내고 레시틴을 넣어준다.

레시틴이 잘 혼합되도록 휘핑기로 저어준다.

핸드 블렌더로 공기를 넣어주면서 거품을 만든다.

거품이 완성된 코코넛 크림수프

[재료] 치킨스톡 200 mL, 생크림 40 mL
코코넛 밀크 50 g, 양파 10 g
대파 5 g, 소금 2 g, 후추 0.3 g
레시틴 2.5 mL

• 당근 거품 수프

[재료] 당근 100 g, 치킨스톡 200 mL
양파 3 g, 대파 2 g, 생크림 80 mL,
버터 3 g, 소금 2 g, 후추 0.3 g
레시틴 2.5 mL

만드는 방법

1. 양파, 대파, 당근을 버터에 볶아 주다가 끓으면 치킨스톡을 넣고 끓여 준다.
2. 약 5분 정도 끓인 후 블렌더로 갈아 준다. 그리고 소스 팬에서 다시 끓여 주면서
3. 코코넛 크림과 당근 주스를 넣어서 소금 후추로 맛을 낸다.
4. 시노와(chinois)로 걸러서 끓여 준다.
5. 레시틴을 넣고 핸드 블렌더로 공기를 불어 넣어주면서 거품을 만든다.
6. 아미스푼으로 거품을 떠서 접시에 담는다.

05 압력솥 추출법을 이용한 랍스터 비스큐 수프

Lobster Bisquc Soup from Pressure Cooker

압력밥솥을 이용해서 비스큐 수프를 만들 경우 진한 향과 담백한 맛을 추출할 수 있으며 빠른 시간에 수프를 만들 수 있는 것이 장점이다.

[재료] 랍스터 80 g, 새우 50 g, 버터 40 g
양파 30 g, 브랜디 10 mL, 생크림 35 mL
밀가루 9 g, 레드와인 30 mL, 처빌 1.5 g
월계수잎 1개, 토마토 페이스트 11 g
피시 스톡 150 mL

만드는 방법

1. 랍스터와 새우를 손질해서 깨끗하게 씻어낸다.
2. 팬에 버터를 넣고 양파, 새우, 랍스터를 붉은 색이 나도록 볶아준다.
3. 팬에 버터, 토마토 페이스트와 밀가루를 각각 따로 볶아준다.
4. 압력 밥솥에 피시 스톡과 스파이스와 1번, 2번을 넣고 약 30~40분 끓여 준다.
5. 고운 체에 걸러서 소스포트에 담고 생크림을 넣고 소금, 후추 등으로 맛을 내고
6. 브랜디를 넣고 살짝 끓여 준 뒤 수프 볼에 담고 랍스터를 다이스로 썰어서 담고
7. 휘핑크림과 처빌로 장식하여 서비스한다.

3. 애피타이저(appetizer)

유자주스와 레몬주스 시트를 이용한 생굴 라비올리
citron juice and lemon juice sheet using raw Oyster ravioli

[재료] 생굴 40 g, 양송이 40 g, 와사비 10 g, 생크림 50 g
양상추 50 g, 생크림 50 mL, 소금 1 g, 후추 0.3 g
레몬주스 30 mL, 레시틴 10 mL

만드는 방법

1. 양상추를 끓는 물에 살짝 데친 후 찬물에 식히고 나서 생크림을 넣고 블렌더로 곱게 갈아준다. 아가와 젤라틴을 넣고 다시 블렌더로 갈아 준 후 냉장고에 넣고 1~2시간 후 다시 블렌더로 갈아서 고운 체에 걸러서 겔 소스로 사용한다.
2. 굴을 레몬즙과 소금, 발사믹을 매리네이드한다.
3. 라비올리 시트를 만들어 매리네이드한 오이스터를 라비올리 시트에 말아서 접시에 담는다.
4. 와사비 소스를 거품으로 만들어 얹어 주고, 레몬 겔 소스를 곁들여 준다.
5. 레디시와 새싹 채소로 가니시를 곁들인다.

01 와사비 폼소스
Wasabi foam Sauce

[재료] 다시마 물 100 mL
간장 60 mL
와사비 파우더 10 mL
레시틴 5 mL

만드는 방법

1. 다시마 스톡을 추출한다.
2. 다시마 스톡에 간장과 와사비를 넣고 잘 섞는다.
3. 2.레시틴을 넣고 핸드 블렌더 blender로 거품을 만들어 낸다.

02 레몬 소스
Lemon Sauce

[재료] 레몬 껍질 흰 부분 20 g
치킨스톡 100 mL
버터 5 g
꿀 15 mL
양파 5 g, 소금 2 g
후추 0.2 g, 잔탄 5 mL

만드는 방법

1. 레몬껍질 흰 부분만 추출하여 다이스로 썰어준다.
2. 소스 팬에 버터를 넣고 양파와 레몬껍질을 완전히 볶아준다.
3. 치킨스톡을 넣고 끓여준다.
4. 소금과 후추로 맛을 내고 잔탄을 넣어 농도를 조절한다.

레몬 흰 부분만 추출

다이스로 썰어

버터에 볶다가 생크림을 넣고 끓여준다.

핸드블렌더로 갈아준다.

잔탄을 넣고 농도 조절

03 유자주스와 레몬주스 시트를 이용한 생굴 라비올리

Oyster Ravioli with Citron Juice and Lemon Juice Sheet

생굴에 발사믹 첨가

소금을 넣고

후추를 넣어주고

레몬 주스 맛내기

라비올리 시트에 생굴

라비올리 만들기

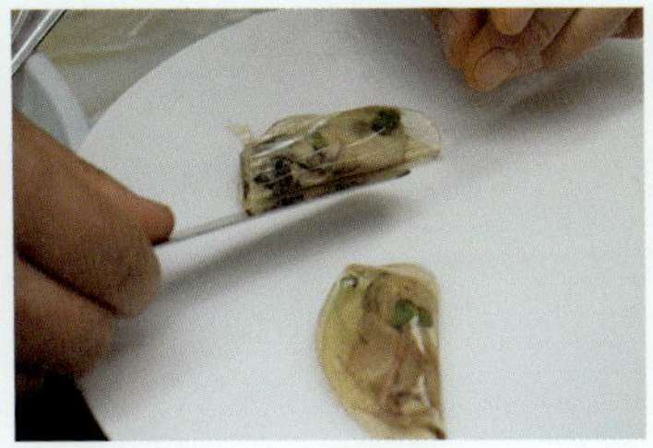
라비올리 담기

라비올리에 거품소스

[재료] 굴 스톡 150 mL, 젤라껌 1.2 g
아가 7 g, 유자주스 5 mL
레몬주스 3 mL, 판 젤라틴 1장
소금 3 g, 후추 0.5 g

만드는 방법

1. 굴을 깨끗하게 씻은 후 양파, 대파, 셀러리 등을 넣고 스톡을 끓여 낸다.
2. 굴 스톡이 완성되면 젤라껌, 아가, 판 젤라틴을 넣고 덥혀 준다.
3. 2.에 유자주스와 레몬주스를 넣고 잘 혼합한다.
4. 잘 혼합된 3.에 소금과 후추로 맛을 낸다.
5. 시팬에 담아서 냉장고에 약 3시간 굳게 넣어둔다.
6. 3시간 이후 둥근 몰드로 찍어서 라비올리 피를 만든다.
7. 굴은 발사믹 올리브 기름과 소금 후추, 레몬주스 등으로 약 20분 동안 마리네를 한다.
8. 라비올리 피에 굴을 담고 쌓아서 접시에 담는다.
9. 소스와 가니시로 장식해서 접시에 담는다.

04 그린허브 소스, 수비드 콘피오일, 꿀캐비어, 쉬라즈 와인과 비네거를 라비올리 시트를 곁들인 성게알

Sea Urchin Ravioli with Green Herb Sauce, Suvid Conifio, Honey Caviar, Shiraz Wine and vinaigrette

(1) 그린허브 소스

[재료] 성게알 80 g, 라비올리 시트 60 g
콘피 오일 6 mL, 그린허브 소 10 mL
꿀 캐비어 5 mL, 토마토 30 g
무순 3 g, 바질 1ps

만드는 방법

1. 성게알을 식초, 화이트 와인, 딜, 소금, 후추를 뿌려주고 마리네 한다.
2. 라비올리 시트에 성게알을 얹고 그 위에 시트를 덮어준다.
3. 접시에 성게알을 세팅하고 허브와 채소, 소스를 곁들인다.

(2) 그린허브 퓌레

[재료] 루꼴라 10g, 이태리 파슬리 80g
바질 10, 처빌 10, 다임 5
올리브 오일 200 mL, 소금 1g, 후추 0.3g

만드는 방법

루꼴라, 이태리파슬리, 처빌 등 각종 허브와 향신료를 올리브 오일에 넣고 곱게 갈아서 고운체에 내려서 사용한다.

(3) 수비드 콘피 오일

[재료] 올리브오일 200 mL, 레몬 30 mL
블랙페퍼콘 0.5g, 바질 1ps, 딜 2ps
진저 1g, 마늘 1g, 바닐라 빈 0.5g
코리앤더 씨 0.5g

만드는 방법

레몬, 블랙 페퍼콘, 바질, 딜, 진저, 마늘, 바닐라 빈, 코리앤더 씨 ,소금, 후추, 올리브 오일 등을 진공 팩에 넣고 수비드 온도 약 70°C에서 50분 동안 가열하여 허브 향을 추출하여 식혀서 고운 체에 내려 사용한다.

(4) 허니 캐비어

[재료] 꿀 100 mL, 레몬주스 10 mL
자몽주스 10 mL, 알긴산 페이스트 10 mL
염화칼슘 300 mL

만드는 방법

꿀에 레몬주스와 자몽주스를 첨가하여 잘 혼합시켜 준다.
꿀에 알긴산 페이스트를 넣어 주고 잘 혼합시켜서 염화칼슘 용액에 주사기로 떨어뜨려 캐비어를 만든다.

(5) 시라즈 와인과 비네거를 라비올리 시트

[재료] 시라즈 와인 40 mL, 식초 10 mL
조개 스톡 150 mL, 소금 1g
화이트 후추 0.2g, 판 젤라틴 3장
아가 10 mL

만드는 방법

1. 조개스톡에 와인과 식초를 넣고 끓여 준다.
2. 끓으면 소금, 후추, 아가, 젤라틴을 넣고 혼합시킨 후 사각 팬에 얇게 담는다.
3. 냉장고에서 약 3시간 굳혀 준다.
4. 3시간 후 성게알 크기에 맞게 잘라서 라비올리를 만든다.
5. 접시에 담고 채소와 소스 와사비 간장 거품 소스를 곁들인다.

05 트러플 머시룸 오일 라비올리를 곁들인 스칼롭과 바질소스
Ravioli with Truffle Mushroom Oil and Scallop with Basil Sauce

(1) 트러플 머시룸 오일 라비올리

[재료] 스칼롭 80 g, 발사믹 캐비어 3 g
블랙 버섯 5 g, 갈릭 오일 파우더 3 mL
트러플 머시룸 오일 라비올리 3 mL
바질 소스 10 mL, 체리토마토 3 g
아스파라거스 3 g, 레몬 거품 소스 5 mL
소금 1 g, 후추 0.3 g

만드는 방법

1. 당근 퓌레 소스, 토마토 퓌레 소스, 트러플 머시룸 오일 라비올리를 곁들인다.
2. 스칼롭을 58°C에서 20분 수비드하여 버터에 시어링한다.
3. 말토로 갈릭 기름 파우더를 만들어 곁들인다.
4. 발사믹과 아가로 캐비어를 만들어 곁들인다.
5. 레몬, 레디시와 새싹, 다양한 채소로 장식한다.

(2) 레몬 거품 소스 만들기

[재료] 치킨스톡 20 mL, 레몬주스 40 mL
꿀 5 mL, 소금 1.5 g, 후추 0.2 g

만드는 방법

1. 치킨스톡에 레몬주스를 넣고 끓여 준다.
2. 소금과 후추로 맛을 낸다.
3. 레시틴을 넣고 거품을 낸다.
4. 접시에 담는다.

(3) 바질 소스

[재료] 바질 1 팩, 양파 30 g, 버터 2 g
치킨스톡 10 mL, 생크림 6 mL
소금 1 g, 후추 0.2 g

만드는 방법

1. 소스 팬에 버터를 넣고 양파를 볶다가 바질을 넣고 스톡을 넣는다.
2. 끓으면 생크림을 넣고 블렌더로 갈아준다.
3. 고운 체로 걸러서 소금과 후추로 맛을 낸다.
4. 소스를 접시에 담아준다.

(4) 퓌레 소스(당근, 토마토)

[재료] 당근 60 g, 스톡(치킨, 비프) 200 mL
아가 10 mL, 젤라틴 2 장, 버터 5 g
생크림 15 g, 소금 2 g, 후추 0.3 g

만드는 방법

1. 먼저 소스 팬에 버터와 당근을 넣고 볶아준다.
2. 끓인 후 생크림을 넣고 다시 끓여준다.
3. 소금 후추로 맛을 낸 후 아가와 젤라틴을 넣고 블렌더로 갈아준다.
4. 용기에 담아 냉장고에 1~2시간 후 다시 핸드 블렌더로 갈아서 고운 체에 거른다.
5. 소스 통에 담아 사용한다.

소금과 후추로 시즌닝하고

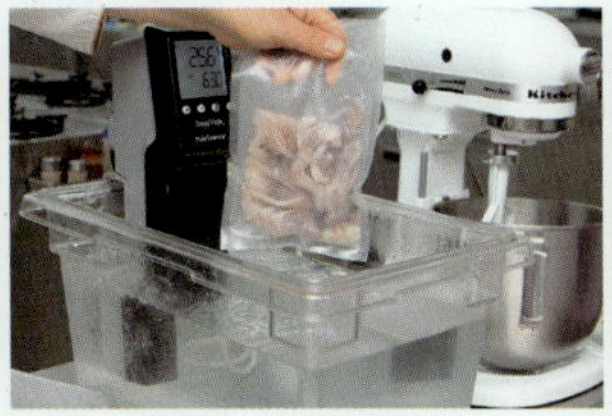
수비드 58°C에서 20분

망고 라비올리에 주사기로 트러플머시룸 기름 주입

레몬 거품 소스

수비드한 스칼롭을 시어링한다.

06 레몬주스로 코팅한 오이스터와 칵테일소스 라비올리

Ravioli with Cocktail Sauce Oysters Coated with Lemon Juice

레몬주스를 추출한다.

망고 퓌레를 만들어 칵테일소스 라비올리를 만든다.

리버스 용액을 만든다.

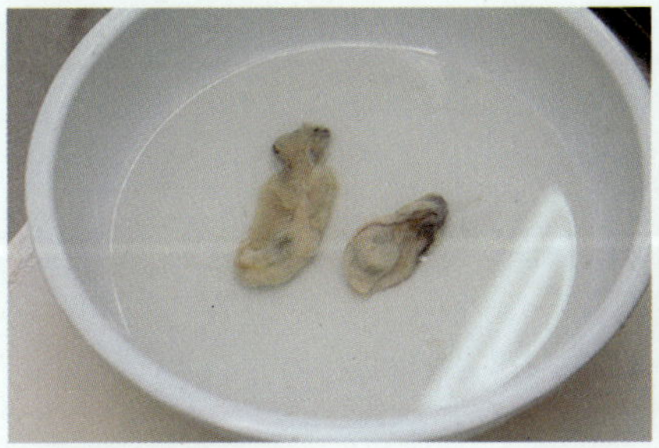

오이스터를 레몬주스로 리버스 방법으로 코팅한다.

접시에 담는다.

[재료] 생굴 2~3 PS, 레몬 30 g
와사비 잎 1 g, 래디시 2 g
무순이 1 g, 토마토 2 g
칵테일소스 라비올리 20 g

만드는 방법

1. 오이스터를 깨끗한 물에 소금을 넣고 씻어준다.
2. 레몬주스를 리버스 용액으로 만들어 오이스터를 레몬주스로 코팅한다.
3. 둥근 몰드에 넣어 냉동고에서 4시간 얼린다.
4. 망고 퓌레를 만들어 아가를 넣고 칵테일소스를 망고 주스에 코팅한다.
5. 접시에 무순, 래디시로 장식한다.
6. 칵테일소스 라비올리를 곁들여 준다.
7. 채소에는 발사믹 드레싱을 뿌려준다.

07 모짜렐라 치즈 속에 토마토소스를 채운 카프리제

Caprese Saled with Mozzarella Cheese and Tomato Sauce

[재료] 모짜렐라 치즈 80 g
토마토 홀 80 g
체리토마토 50 g, 양파 10 g
새싹채소 0.7 g, 발사믹 1 ts
토마토 주스 80 mL
올리브 오일 1/2 ts
엔다이브 20 g, 소금 1/5 ts
후추 1/8 ts

만드는 방법

1. 모짜렐라 치즈를 얇게 썰어서 믹싱 볼에 담아 이중탕으로 완전히 녹여 준다.
2. 토마토를 잘게 썰어서 올리브유에 양파찹을 볶다가 토마토를 넣고 치킨스톡을 넣고 끓여 준다.
3. 토마토소스를 소창에 걸러서 사이펀에 넣고 1/3만 채워 넣고 치즈를 사이폰 입구에 대고 풍선껌 불듯이 부풀어 오르면 끝을 눌러 바람이 빠지지 않도록 하여 구화를 만들어 낸다.
4. 토마토 주스를 알긴 구화로 만들고, 엔다이브를 3쪽 놓고 그 위에 구화와 채소를 얹는다.
5. 발사믹은 레시틴을 넣고 거품소스로 만들어서 치즈 위에 얹어 준다.
6. 올리브 기름에 바질과 발사믹, 바질을 넣고 블렌더로 갈아 준다.
   소금, 후추로 간을 한 후 질소에 얼린 후 블렌더로 갈아서 파우더 소스로 제공한다.

08 망고와 석류, 살구 라비올리와 과일과 채소 계절 샐러드

Fruit Ravioli(Mango, Pomegranate, Apricot) and Seasonal Salad

(1) 비트 겔 소스

[재료] 비트 주스 200 mL
치킨스톡 100 mL
아가 10 mL
판 젤라틴 2장
젤라검 1 mL
소금 1 g, 후추 0.3 g

만드는 방법

1. 비트를 손질하여 주스기로 주스를 추출한다.
2. 치킨스톡에 양파, 당근, 셀러리, 소금, 후추,딜을 넣고 졸여 준다.
3. 1/3로 졸여진 치킨스톡을 체에 내린 후 비트 주스를 넣고 끓으면 아가, 판 젤라틴을 넣어 준다.
4. 소금 후추로 맛을 낸 후 용기에 담아 냉장고에 1~2시간 후 다시 블렌더로 갈아서 고운 체에 걸러 소스 통에 담아 사용한다.

(2) 홀스래디시 겔 소스

[재료] 홀스래디시 주스 200 mL
치킨스톡 60 mL
생크림 15 mL
아가 10 mL
판 젤라틴 2장, 젤라검 1 mL
소금 1 g, 후추 0.3 g

만드는 방법

1. 홀스래디시 주스와 치킨스톡, 생크림을 넣고 끓여준다.
2. 끓으면 아가와 판제라틴, 젤라검을 넣고 잘 혼합되도록 저어준다.
3. 소금 후추로 맛을 내고 소스 팬에 담아 냉장고에 약 1시간 정도 식힌다.
4. 굳은 것을 핸드 블렌더로 갈아서 고운 체에 내려 사용한다.

(3) 레몬 겔 소스

[재료] 레몬 흰 부분 50 g
스톡 200 mL
아가 4 g
판 젤라틴 1장
젤라검 1.25 g
소금 1 g, 후추 0.3 g

만드는 방법

1. 레몬속 과육을 제거하고 겉 표면은 껍질을 벗겨 내어 손질한다.
2. 소스 팬에 스톡과 레몬 손질한 것을 넣고 삶아 준다.
3. 아가, 판 젤라틴, 젤라껌, 소금, 후추를 넣고 핸드 블렌더로 곱게 갈아준다.
4. 곱게 간 것을 아미에 걸러서 냉장고에 약 20분 휴지시킨 후 꺼내어 블렌더에 다시 한 번 갈아서 사용한다.

09 차가운 양상추 소스와 홀스래디시 소스를 곁들인 수비드 연어

Sous vide Cooked Salmon with Cold Lettuce Sauce and Horseradish Sauce

(1) 메인요리

[재료] 생 연어 150 g
홀스래디시 겔소스 5 mL
양상추소스 15 mL, 비트겔소스 3 mL
레몬 겔소스 3 mL, 바질 1장, 채소 2 g
아스파라거스 1 g, 레몬 1 g

만드는 방법

1. 얼음 물에 설탕과 소금을 넣고 프레시 연어를 40분 동안 담가 놓는다. (물 500 mL, 소금 200 mL, 설탕 80 mL, 각얼름 10개, 레몬 3 g)
2. 물기를 제거한 진공 팩에 올리브 기름과 연어를 넣어서 진공 팩 한다.
3. 수비드 온도는 48°C에서 30분 간 수비드한 후 액체질소에 약 10초 정도 넣어서 얼린 후 시어링 한다.
4. 양상추 소스, 홀스래디시 소스, 채소, 바질 등으로 함께 담는다.

(2) 차가운 양상추 소스

[재료] 양상추 80 g, 셜롯어니언 30 g
애플주스 15 mL, 레몬주스 3 mL
생크림 30 mL, 생선스톡 50 mL
버터 10 g, 소금 1 g
후추 0.3 g

만드는 방법

1. 소스 팬에 버터를 넣고 양파 다진 것, 양상추를 넣고 볶아준다.
2. 1.에 생선 스톡과 애플주스, 레몬주스를 넣고 끓여 준다.
3. 한 번 끓으면 생크림 넣고 블렌더로 갈아 준다.
4. 다시 한 번 끓으면 소금과 후추로 맛을 낸다.

(3) 연어 매리네이드 칠링

[재료] 물 400 mL, 얼름 200 g
소금 100 mL, 설탕 40 mL
레몬 3 g, 딜 1 g

만드는 방법

1. 연어를 200g식 포선으로 잘라서 손질하여 얼른 물에 약 40분 동안 담아 둔다.
2. 연어를 손으로 만져 보았을 때 단단한 느낌이 들면 매리네이드 칠링이 잘된 것이다.
3. 40~50분 후 꺼내서 물기를 제거하고 사용한다.

10

토마토 라비올리, 감 라비올리, 그린피스 라비올리, 블루치즈 젤라와
송로버섯, 오징어 먹물 파우더 소스를 곁들인

시실리 풍 수비드 오징어

Ravioli(Tomato, Persimmon, Green Peas), Blue Cheese Gelato,
and Sous vide Cooked Squid with Truffle, Squid Ink Powder Sauce

[재료] 오징어 250 g, 토마토 라비올리 60 mL
감 라비올리 50 mL, 그린피스 라비올리 30 mL
치즈 젤라 30 g, 오징어 먹물 파우더 소스 15 mL
레몬겔소스 5 mL, 래디시 5 g, 실파 1 g, 레몬 2 g
엔다이브 10 g, 토마토 40 g, 마늘 튀긴 것 5 g
피칸 6 g, 잣 4 g, 바질 0.5 g, 세이지 0.3 g,
딜 0.2 g, 무순 0.1 g, 오렌지 3 g

만드는 방법

1. 오징어를 손질하여 진공 팩에 담고 올리브 기름과 소금 후추, 세이지를 넣고 진공팩 한다.
2. 수비드 온도 62°C에서 40분간 저온에서 익힌 후 액체 질소에 약 8초 동안 얼린다.
3. 소스 팬에 버터를 넣고 높은 오도에서 오징어를 시어링해 준다.
4. 시어링이 끝나면 채소와 소스들과 함께 접시에 담는다.

(4) 리버스(Reverse) 방법으로 라비올리 만들기

또 다른 방법으로는 리버스 방법으로 구체화를 만들고자 할 때에는 블렌더로 곱게 갈은 후 체(아미)에 걸러서 젖산 칼슘을 넣고 실리콘 몰드에 얼려서 알긴산 수용액에 넣으면 젖산칼슘과 반응하여 겉 표면에 표피가 생성되어 막을 형성하면서 구체화를 만들 수 있다. 또한 미지근한 물에 넣어서 속이 얼었던 것이 녹아 액체로 되어서 두 가지의 소스 맛을 느낄 수 있다.

[재료] 토마토 주스 200 g, 젖산 칼슘 2.5 mL, 소금 1 g
후추 0.2 g, 감 주스 200 g, 젖산 칼슘 2.5 mL
소금 1 g, 후추 0.2 g, 그린피스 주스 200 g
젖산 칼슘 2.5 mL, 소금 1 g, 후추 0.2 g

(1) 알긴 수용액

[재료] 물 200 mL, 알긴페이스트 13 mL

(2) 차가운 양상추 소스

[재료] 오징어 먹물 15 mL, 양파 60 g
생크림 30 mL, 버터 2 g
세이지 0.3 g, 조개스톡 100 mL
소금 1 g, 후추 0.1 g

만드는 방법

1. 양파를 버터에 볶고 조개스톡을 넣고 끓여준다.
2. 끓으면 오징어 먹물과 생크림을 넣고 함께 끓인다.
3. 세이지와 소금 후추를 넣고 맛을 낸다.
4. 액체질소에 소스를 넣어 얼린 후 블렌더로 갈아준다.

(3) 연어 매리네이드 칠링

[재료] 블루치즈 15 mL, 치킨스톡 100 mL
아가 10 mL, 판 젤라틴 3장
바질 2장, 후추 0.1 g

만드는 방법

1. 소스 팬에 치킨스톡과 블루치즈를 넣고 끓여 준다.
2. 바질을 썰어서 넣고 블렌더로 갈아 준다.
3. 아가와 판 젤라틴을 넣고 잘 혼합되도록 휘핑기로 저어 준다.
4. 몰드에 담아 냉장고에 약 1시간 정도 보관했다가 사용한다.

11 장미향과 와사비 간장 시트를 곁들인 연어와 참치
Salmon and Tuna with Rose Flavor and Wasabi Soy Sauce Sheet

[재료] 연어 80 g, 참치 80 g
장미향과 와사비 간장 시트 60 g
홀스래디시 겔 소스 5 mL
망고 겔 소스 5 mL
와사비 잎 겔 소스 5 mL
토마토 40 g, 바질 4장
워터크레송 2 g
발사믹 올리브 오일 10 mL

만드는 방법

1. 연어와 참치를 매리네이드 어른 물에 약 20분간 담가놓는다.
2. 20분 후 물기를 페이퍼로 제거하고 가로×세로 2cm 자른다.
3. 연어와 참치를 엇갈리게 바둑판 모양으로 퍼즐 맞추듯이 모양을 잡고
4. 올리브 기름에 거래와 흑후추 혼합하여 위에 뿌려준다.
5. 액체 질소에 약 6초간 살짝 얼리고, 장미향과 와사비 간장 시트를 접시에 담고
6. 얼린 참치와 연어를 그 위에 얹어 준다.
7. 그리고 장미향과 와사비 간장으로 만든 시트를 위에 반 쯤 덮어준다.
8. 여러 가지 소스와 채소들과 함께 접시에 담는다.

(1) 장미향을 곁들인 와사비 간장 시트

[재료] 조개 스톡 200 mL, 와사비 2 mL
간장 5 mL, 미림 3 mL, 장미향 0.1 g
그린허브 소스 10 mL, 레몬주스 2 mL
딜 0.3 g, 소금 0.5 g, 백후추 0.2 g
판 젤라틴 12장, 아가 5 mL

만드는 방법

1. 조개스톡에 간장을 넣고 끓여준다.
2. 1.에 딜, 레몬주스, 아가, 판 젤라틴을 넣고 잘 혼합시킨다.
3. 혼합되면 소금과 후추로 맛을 내고
4. 끓으면 미림과 장미향을 넣어준다.
5. 시팬에 담아 냉장고에서 약 40분 후 사용한다.

(2) 와사비 잎 겔 소스

[재료] 와사비 잎 주스 200 mL
치킨스톡 100 mL, 아가 10 mL
판 젤라틴 2 장, 젤라검 1 mL
소금 1 g, 후추 0.3 g

만드는 방법

1. 와사비 잎을 잘 씻어 손질하여 주스기로 추출한다.
2. 치킨스톡에 양파, 당근, 셀러리, 소금, 후추,딜을 넣고 졸여준다.
3. 1/3로 졸여진 치킨스톡을 체에 내린 후 비트 주스를 넣고 끓으면 아가, 판젤라틴을 넣어준다.
4. 소금 후추로 맛을 낸 후 용기에 담아 냉장고에 1~2시간 후 다시 블렌더로 갈아서 고운체에 걸러 소스 통에 담아 사용한다.

(3) 홀스래디시 퓌레 소스

[재료] 홀스래디시 주스 200 mL
치킨스톡 60 mL, 생크림 15 mL
아가 10 mL, 판 젤라틴 2장
젤라검 1 mL, 소금 1 g
후추 0.3 g

만드는 방법

1. 홀스래디시 주스와 치킨스톡, 생크림을 넣고 끓인다.
2. 끓으면 아가와 판 제라틴, 젤라검을 넣고 잘 혼합되도록 저어준다.
3. 소금 후추로 맛을 내고 소스팬에 담아 냉장고에 약 1시간 정도 식힌다.
4. 굳은 것을 핸드 블렌더로 갈아서 고운 체에 내려 사용한다.

(4) 망고 퓌레 소스

[재료] 망고 주스 200 mL, 아가 4 g
판 젤라틴 1장, 소금 1 g, 후추 0.3 g

만드는 방법

1. 망고를 주스로 추출한다.
2. 소스 팬에 망고 주스를 넣고 끓으면 아가, 판 젤라틴을 혼합시킨다.
3. 소금, 후추를 넣고 핸드 블렌더로 곱게 갈아준다.
4. 곱게 간 것을 아미에 걸러서 냉장고에 약 20분 휴지시킨 후 블렌더로 갈아서 고운 체에 걸러서 사용한다.

12 홀스래디시 무스와 케이퍼 캐비어, 그리고 단호박 퓌레를 곁들인 훈제연어

Smoked Salmon with Horseradish Mousse, Caper Caviar & Pumpkin Puree

[재료] 연어 100 g, 새싹 채소 2 g
케이퍼 캐비어 10 mL,
홀스래디시 무스 40 mL
단호박 퓌레 15 mL, 아스파라거스 30 g
양파 첩 6 mL, 레몬 10 g, 토마토 30 g
발사믹 올리브 오일 15 mL

만드는 방법

1. 아스파라거스 데친 것을 얇게 펴서 접시에 담는다.
2. 접시에 단호박 퓌레 소스를 담고 훈제 연어 말이를 아스파라거스 위에 얹어 담는다.
3. 토마토, 감자 튀긴 것, 채소, 레몬을 연어 말이 뒤편에 담는다.
4. 발사믹 올리브 기름을 질소에 넣어서 얼린 후 블렌더에 갈아서 파우더 소스로 뿌려 준다.

(1) 케이퍼 캐비어 만들기

[재료] 케이퍼 주스 190 mL
레몬주스 5 mL, 발사믹 5 mL
아가 13 mL, 판 젤라틴 1장
소금 1 g, 후추 0.1 g

만드는 방법

1. 블렌더에 케이퍼와 주스를 넣고 갈아준 후 고운 체에 걸러 놓는다.
2. 케이퍼 주스에 레몬주스, 발사믹, 소금, 후추로 맛을 낸다.
3. 2.에 아가, 판 젤라틴을 넣고 끓으면 불에서 내린다.
4. 면실유를 냉장고에 12시간 넣어 둔 기름에 주사기로 떨어뜨려 캐비어를 만든다.
5. 약 3분 후 기름을 걸러내고 사용한다.

(2) 훈제연어 매리네이드 만드는 방법

[재료] 소금 200 mL, 설탕 10 mL
셀러리 30 g, 당근 30 g, 양파 20 g
파슬리 줄기 30 g, 레몬 10 g
딜 1 g, 흑후추 홀 3 g, 세이지 1 g

만드는 방법

1. 당근, 양파, 셀러리, 파슬리 줄기, 세이지, 딜 등을 화인 촙(chop) 한다.
2. 소금에 설탕과 채소 썰은 것, 허브 썰은 것, 후추, 레몬을 모두 혼합한다.
3. 혼합된 소금을 소스 팬에 깔고 그 위에 연어를 담고 다시 소금을 연어 위에 덮는다.
4. 약 20분후 꺼내어 소금을 털어내고 건조기에서 약 30분 동안 28°C에서 건조시킨다.
5. 다시 접시에 연어를 담고 연기가 빠져나가지 않도록 유리 캡을 덮고 스모크 건으로 약 40분간 훈제한다.

(3) 단 호박 퓌레 소스

[재료] 단호박 50 g, 버터 25 g
생크림 13 g, 소금 0.7 g, 후추 0.1 g

만드는 방법

1. 단호박 껍질을 벗기고 얇게 썰어준다.
2. 진공 팩에 단호박, 버터, 생크림, 소금, 후추를 넣고 진공 포장한다.
3. 수비드 온도를 85°C로 맞추고 3시간 동안 익힌다.
4. 3시간 후 블렌더로 갈아서 고운 체에 걸러서 사용한다.

(4) 홀스래디시 크림치즈 무스

[재료] 홀스래디시 주스 100 mL
크림치즈 15 mL, 생크림 100 mL
레몬주스 15 mL, 딜찹 1 g, 소금 1 g
후추 0.2 g

만드는 방법

1. 소스 포트에 홀스래디시 주스와 생크림, 크림치즈를 넣고 블렌더로 갈아 준다.
2. 한 번 끓으면 레몬 주스, 딜찹을 넣고 끓여 준다.
3. 소금, 후추를 넣고 맛을 낸다.
4. 얼음 물에 식혀서 휘폰기에 담아 냉장고에 1시간 넣어 두었다가 사용한다.

13 포트 와인에 절인 배와 유자 소스, 블루치즈 거품 소스를 곁들인 도미 요리

Sea Bream with Marinated Pear and Citron Sauce in Port Wine with Blue Cheese Bubble sauce

[재료] 도미 살 180 g
블루 치즈 거품 소스 50 mL
포트와인에 절인 배 40 g
유자 퓌레 소스 10 mL
당근 15 g, 양송이 15 g, 단호박 30 g
트러플 머시룸 오일 2 mL

만드는 방법

1. 도미를 손질해서 반으로 잘라 2조각으로 준비한다.
2. 도미 살에 소금, 후추 시즌닝을 한다.
3. 진공 팩에 도미살, 세이지, 올리브 오일 함께 담아 진공포장한다.
4. 수비드 온도는 52°C에서 30분간 익힌다.
5. 액체질소에 10초간 표면만 얼린 후 소스 팬에 올리브 기름을 넣고 시어링해 준다.
6. 접시에 절인 배를 담고 도미를 그 위에 걸쳐 놓고 단 호박 퓌레 소스와 더운 채소를 곁들이고
7. 블루치즈 거품 소스를 얹어 주고 유자 겔 소스를 곁들인다.

(1) 블루치즈 거품소스

[재료] 블루 치즈 30 g, 치킨스톡 50 mL
샬롯 어니언 20 g, 생크림 80 mL
소금 1 g, 후추 0.2 g, 레시틴 3 mL

만드는 방법

1. 소스 팬에 버터를 넣고 양파를 볶은 후 치킨스톡을 넣고 끓여 준다.
2. 생크림과 블루치즈를 넣고 블렌더로 갈아준다.
3. 소금 후추로 맛을 낸 후 레시틴을 넣고 블렌더로 갈아서 거품을 만든다.

(2) 폴트 와인에 절인 배

[재료] 배 100 g, 포트 와인 80 mL
레드 와인 비네거 50 mL
화이트 와인 40 mL
꿀 50 mL, 소금 0.5 g, 민트 2 잎

만드는 방법

1. 배 껍질을 벗겨서 웨지 모양으로 썰어 놓는다.
2. 포트 와인과 레드와인 비네거, 화이트 와인을 소스팬에 담아 80°C까지 열을 가한다.
3. 꿀과 민트 소금을 넣고 휘핑기로 혼합시킨다.
4. 포트 와인 온도가 40°C정도 떨어지면 배를 넣고 약 5시간 절인 후 사용한다.

(3) 유자 퓌레 소스

[재료] 유자 주스 80 mL, 샬롯어니언 10 mL
버터 4 mL, 레몬 주스 5 mL브랜디 5 mL
소금 1 g, 후추 0.5 g, 꿀 2 mL

만드는 방법

1. 유자주스를 추출하여 놓는다.
2. 소스 팬에 버터를 넣고 양파를 볶아준다.
3. 유자주스를 넣고 끓여준다.
4. 끓으면 꿀과 레몬주스와 브랜디를 넣고 소금, 후추로 맛을 낸다.
5. 잔탄을 넣고 블렌더로 갈아주고 고운체에 걸러서 사용한다.

14 트러플 머시룸 오일 향과 랍스터 향을 곁들인 토마토 스시

Tomato Sushi with Truffle Mushroom oil and Lobster flavor

(1) 토마토를 이용해서 참치 살을 표현하여 스시를 만든 요리

[재료] 토마토 시트 5장, 밥 150 g
트러플 머시룸 오일 4 mL
초대리 소스 150 mL
와사비 거품소스 5 mL
아스파라거스 5 g
무순이 3 g

만드는 방법

1. 밥에 초대 리 소스를 넣고 혼합시킨다.
2. 토마토 시트를 밥알 크기로 생선회 칼로 자른다.
3. 초밥을 지어서 토마토 시트를 그 위에 얹고 접시에 담는다.
4. 아스파라거스는 데쳐서 얇고 길게 편으로 잘라서 담는다.
5. 와사비 거품소스를 스시 위에 얹어 주고
6. 무순이를 곁들어 준다.

(2) 스시 초대리 소스

[재료] 식초 200 mL
설탕 150 mL
소금 20 mL

만드는 방법

1. 식초가 약 70˚C까지 열이 오르면 설탕 소금을 넣고 휘핑기로 잘 혼합시킨다.
2. 냉장고에 보관하면서 사용한다.

(3) 간장 와사비 폼소스

[재료] 간장 30 mL
생 와사비 5 mL
다시국물 100 mL
레시틴 5 mL

만드는 방법

1. 깊이 있는 사각 인서트에 다시국물과 간장 생 와사비를 넣고 혼합시킨다.
2. 레시틴을 넣고 랩으로 덮어 튀지 않도록 한다.
3. 핸드 블렌더로 공기를 불어 넣으면서 거품을 생성시킨다.

(4) 랍스터 향을 곁들인 토마토 시트 만들기

[재료] 토마토 주스 200 mL, 아가 10 mL
판 젤라틴 3장, 랍스터 50 mL
설탕 1 g, 소금 1 g, 후추 0.2 g

만드는 방법

1. 토마토 주스기로 주스를 추출한다.
2. 랍스터는 잘게 썰어 놓는다.
3. 자루냄비에 토마토 주스를 넣어 끓여준다.
4. 끓으면 랍스터와 아가, 젤라틴을 넣고 블렌더로 곱게 갈아준다.
5. 소금, 설탕, 후추로 맛을 낸다.
6. 넓은 시팬에 체에 걸러서 냉장고에 넣어서 3시간 후
7. 밥알 크기로 스시모양으로 잘라서 밥에 얹어 준다.

15 트러플 기름 파우더와 오징어 먹물 겔 소스, 비스큐 소스와 파르메산 거품 소스를 곁들인 수비드 랍스터

Sous Vide Cooked Lobster with Truffle Oil Powder and Squid Ink Gel Sauce, Bisque Sauce and Parmesan

[재료] 랍스터 1 kg, 트러플오일파우더 4 mL
오징어먹물 겔소스 15 mL, 비스큐 소스 20 mL
파르메산 치즈 거품소스 15 mL, 바질 2장
딜 0.1 g, 치즈 양파 튀김 2 g, 채소 1 g
올리브 오일 2 mL, 소금 0.5 g, 후추 0.2 g
세이지 0.1 g

만드는 방법

1. 랍스터 배 부위를 가위로 잘라 살만 추출한다.
2. 랍스터 살을 2등분하여 진공 팩에 넣는다.
3. 진공 팩에 올리브 오일, 세이지, 소금, 후추 등을 넣고
4. 58°C에서 40분간 저온에서 익힌다.
5. 액체질소에 10초간 표면을 얼린 후 비스큐 소스에 버무린다.
6. 랍스터 셸은 물에 레몬과 소금 후추를 넣고 데친다.
7. 랍스터 셸을 접시에 담고 그 위에 랍스터 요리를 얹힌다.
8. 파르메산 치즈 거품 소스와 채소, 양파 치즈 튀김, 트러플 오일 파우더와 오징어 먹물 겔 소스 등을 곁들인다.

(1) 트러플 오일 파우더

[재료] 말토텍스트린 100 mL, 트러플오일 15 mL
설탕 1 mL, 소금 0.5 mL, 후추 0.1 mL

만드는 방법

말토텍스트린에 설탕, 소금, 후추를 넣고 트러플 오일을 천천히 부어 주면서 거품기로 저어서 혼합시킨다.

(2) 오징어 먹물 겔 소스

[재료] 오징어먹물 10 mL, 잔탄 2 mL, 아가 7 mL
조개스톡 200 mL, 양파 40g, 버터 3g, 살구 30g
소금 1g, 후추 0.3g

(3) 비스큐 소스

[재료] 조개 스톡 1L, 랍스터 100g
새우 150g, 스칸피 150g
셀러리 60g, 당근 70g, 양파 70g
대파 50g, 다임 0.5g, 월계수 잎 1장
세이지 0.5g, 토마토 50g
토마토 페이스트 100 mL
레드 와인 150 mL, 화이트 와인 50 mL
브랜디 10 mL, 생크림 5 mL
소금 3g, 후추 0.5g

만드는 방법

1. 소스 팬에 버터를 넣고 양파, 대파, 셀러리, 토마토, 당근 등을 볶아 준다.
2. 랍스터와, 새우 스칸피 새우 등을 넣고 볶다가 토마토 페이스트를 넣고 다시 볶아 준다.
3. 볶은 후 졸으면 레드와인과 화이트 와인을 부어 주면서 완전히 볶아준다.
4. 압력밥솥에 모두 넣어서 40분 동안 끓여 주고 고운체에 내린다.
5. 고운체에 내린 소스를 생크림을 넣고 다시 끓으면 브랜디와 소금 후추로 맛을 내고 사용한다.

(4) 파르메산 거품소스

[재료] 생크림 100 mL, 화이트 와인 20 mL
파르메산 치즈 40 mL, 레몬주스 5 mL
치킨스톡 40 mL, 소금 1 g, 후추 0.2g

만드는 방법

1. 파르메산 치즈를 블렌더로 곱게 갈아서 놓는다.
2. 화이트 와인과 레몬 주스를 넣고 믹서로 갈아 준다.
3. 치킨스톡을 냄비에 넣어서 끓으면 파르메산 치즈를 넣고 다시 끓여 준다.
4. 생크림을 넣으면서 농도를 맞춘 후 고운 체에 내려서 사용한다.
5. 농도는 묽어야 거품이 잘 형성된다.

16 아보카도 라비올리, 구운 양파 라비올리, 망고겔소스, 리슬링(Riesling) 와인과 바질에 절인 문어구이

Ravioli(Avocado & Roasted Onion) with Mango Gel Sauce, Riesling Wine and Octopus with Marinated Basil

[재료] 문어 180g, 아보카도 라비올리 30 mL
구운 양파 라비올리 30 mL
망고 겔 소스 10 mL
리슬링 와인 60 mL, 바질 2장
더운 채소 40g
채소 가니시 3g, 래디시 2g
감자 퓌레 5g

만드는 방법

1. 진공 팩에 문어를 넣고 와인, 레몬주스, 설탕, 시나몬스틱, 마늘, 셀러리, 건 고추, 소금 후추를 넣고 진공 포장하여 냉장고에서 약 30분 마리네 한 후 수비드 58°C에서 50분간 수조에서 익힌다.
2. 감자 퓌레를 담고 문어를 올리고 아보카도 라비올리, 구운양파 라비올리 더운 채소들과 소스를 곁들이고 마지막 트러플 오일을 뿌려 준다.

(1) 아보카도 라비올리

[재료] 아보카도 100 g, 잣 10 g
생크림 20 mL, 레몬 제스트 3 g
화이트와인 30 mL, 소금 0.5 g
후추 0.1 g, 젖산칼슘 2 mL

만드는 방법

1. 블렌더로 잣, 레몬 제스트(Lemon zest)를 먼저 갈고 아보카도를 화이트와인에 넣고 잣을 다시 갈아 준다.
2. 고운체에 내리고 생크림을 휘핑을 만들어서 아보카도와 함께 섞어 준다.
3. 소금 후추, 젖산칼슘을 넣고 잘 혼합시킨다.
4. 아보카도를 둥근 스푼으로 떠서 알긴산 용액에 천천히 넣어 라비올리를 만든다.
5. 물 300 mL에 알긴산 페이스트 15 mL을 넣고 거품기로 잘 저어 혼합시킨다.

(2) 구운 양파 라비올리

[재료] 구운양파 100g, 호두 2g
바질 1장, 마늘 10g
대파 흰 부분 20g
화이트 화인 20 mL
레몬주스 10 mL
살구 3g, 소금 1g, 후추 0.2g
젖산칼슘 2g

만드는 방법

1. 오븐에 양파, 호두, 마늘, 대파 흰 부분, 살구 등을 시팬에 올리브 오일, 소금, 후추를 뿌려서 약 180°C에서 약 30~40분 구워낸다.
2. 구운 양파와 채소들을 화이트 와인과 레몬주스를 넣고 블렌더로 갈아 준다.
3. 고운체에 내리고 생크림을 휘핑을 만들어서 함께 섞어준다.
4. 소금 후추, 젖산칼슘을 넣고 잘 혼합시킨다.
5. 양파를 둥근 스푼으로 떠서 알긴산 용액에 천천히 넣어 라비올리를 만든다.
6. 물 300 mL에 알긴산 페이스트 15 mL을 넣고 거품기로 잘 저어 혼합시킨다.
   –주의사항 만약 농도가 너무 묽으면 잔탄을 1 mL넣고 농도를 맞춘다.

(3) 망고겔소스

[재료] 망고 100g, 살구 30g, 잣 10g
화이트 와인 30 mL
레몬주스 10 mL, 브랜디 3 mL
소금 1g, 후추 0.2
아가
판 젤라틴

만드는 방법

1. 잣은 볶아서 가루로 만들고 망고와 살구를 화이트 와인과 레몬주스를 넣고 블렌더로 갈아 고운체에 내린다.
2. 1. 블렌더와 소금 후추를 넣고 약 80°C까지 가열한다.
3. 젤라틴은 찬물에서 부드럽게 만들어 물기를 짜내고 아가와 함께 넣어서 혼합시킨다.
4. 사각 시팬에 부어서 냉장고에 넣고 약 30분 후 꺼내어 블렌더로 다시 갈아주고 고운체에 내려서 사용한다.

(4) 리슬링(Riesling) 와인과 바질

[재료] 리슬링 화이트 와인 70 mL
레몬주스 10 mL, 설탕 3 mL
바질 2장, 시나몬 스틱 1 g
마늘 3 g, 셀러리 2 g
건 고추 0.5 g, 소금 1 g
후추 0.2 g, 트러플 오일 0.5 mL

만드는 방법

1. 진공 팩에 문어를 넣고 와인, 레몬주스, 설탕, 시나몬스틱, 마늘, 샐러리, 건고추, 소금 후추를 넣고 진공 포장하여 냉장고에서 약 30분 마리네 한 후 수비드 58°C에서 50분간 수조에 익힌다.
2. 수비드가 끝나면 접시에 더운 채소들과 소스를 곁들이고 마지막 트러플 오일을 뿌려 준다.

17 샤르도네 와인과 레몬 주스 그리고 조개 스톡 시트로 감싼 수비드 랍스터

Sous-vide Cooked Wrapped Lobster with Chardonnay Wine, Lemon Juice & Shell Stocked Sheet

[재료] 랍스터 150 g
랩핑 시트 1장
래디시 20 g
바질 2장
망고 라비올리 15 mL
엔다이브 20 g
고르곤졸라 치즈 소스 20 mL
레몬 10 g

만드는 방법

1. 랍스터를 손질하여 소금, 후추, 레몬 주스, 올리브 오일 진공 팩에 넣고 밀봉한다.
2. 수비드 온도 58°C에서 50분간 저온으로 익힌다.
3. 익힌 랍스터를 시트에 쌓아서 접시에 담는다.
4. 소스는 고르곤졸라 치즈소스와 더운 채소를 곁들여 준다.

고르곤졸라 치즈 크림소스 만들기

1. 버터로 양파 다진 것을 볶아 주면서 화이트 와인을 넣어준다.
2. 와인이 졸면 생크림 150 mL에 치즈 15 mL넣고 농도를 맞춘다.
3. 소금과 후추를 넣고 약불로 졸여 소스로 만든다.

• 랍스터 랩핑 시트 만들기

[재료] 샤르도네 와인 100 mL
레몬주스 20 mL
모시조개주스 200 mL
딜 1 g
소금 1 g
후추 0.2
젤라틴 4장
아가 10 mL

만드는 방법

1. 조개 주스와 와인, 딜을 넣고 80°C까지 가열한다.
2. 레몬 주스와 소금, 후추로 맛을 내고
3. 아가와 젤라틴을 넣고 잘 혼합되도록 저어 준다.
4. 물에 약 3분 식힌 후 사각 팬에 얇게 부어서 냉장고에서 2주 동안 드라이시킨다.
5. 사용할 만큼 잘라서 랩핑한다.

18 덕 베이컨파우더와 오렌지 겔 소스와 단호박 퓌레, 비트 겔소스 마데라 와인소스를 곁들인 오리 가슴살 구이

Grilled Duck Breast Steak with Duck Bacon Powder, Orange Gel Sauce, Pumpkin Puree, Beet Gel Sauce and Madera Wine Sauce

[재료] 오리가슴살 150 g
단호박 퓌레 10 mL
마데라 와인 소스 15 mL
아스파라거스 15 g
아보카도 20 g
단호박 퓌레 10 mL
래디시 4 g
블랙 버섯 8 g
피칸 10 g
질소

만드는 방법

1. 가슴살에서 지방인 껍질만 분리해 낸다.
2. 오리 가슴살을 진공 팩에 넣고 올리브 오일과 4g의 타임 줄기를 넣고 진공포장 후 59°C에서 60분간 수비드 조리한다.
3. 액화질소에 오리 껍질을 약 40초 정도 동결 시킨 후 꺼내서 블렌더로 갈아 준다.
4. 오리껍질 갈은 것을 소스 팬에 넣어서 끓여 주면 녹으면서 기름이 빠지고 바싹한 껍질을 얻게 된다.
5. 키친타월에 올려놓고 기름을 빼주고, 다임과 소금을 넣고 혼합시킨다.
6. 수비드한 오리가슴살을 프라이팬에서 살짝 컬러를 내준 뒤 접시에 담는다.
7. 오리 껍질 크럼블을 수비드한 오리 가슴살에 뿌려준다.
8. 소스를 함께 준다.

(1) 마델라 와인 소스

[재료] 마델라 와인 60 mL, 꿀 5 mL
소고기 주스 150 mL, 양파 5 mL
로즈마리 1 g, 소금 2 g, 후추 0.2 g
버터 2 g

만드는 방법

1. 소스 팬에 버터를 넣고 양파를 볶아준다.
2. 소고기 주스와 마델라 와인을 넣고 졸여준다.
3. 꿀과 로즈마리를 넣고 소금과 후추로 맛을 낸다.

(2) 단호박 퓌레

[재료] 단호박 50 g, 버터 25 g
생크림 13 g, 소금 0.7 g, 후추 0.1 g

만드는 방법

1. 단호박 껍질을 벗기고 얇게 썰어준다.
2. 진공 팩에 단호박, 버터, 생크림, 소금, 후추를 넣고 진공 포장한다.
3. 수비드 온도를 85°C로 맞추고 3시간 동안 익힌다.
4. 3시간 후 블렌더로 갈아서 고운 체어 걸러서 사용한다.

(3) 오렌지 겔 소스

[재료] 오렌지 주스 20 mL
아가 4 mL, 젤라틴 2 장
설탕 1 g, 소금 1 g

만드는 방법

1. 오렌지를 주스로 추출한다.
2. 소스 팬에 오렌지 주스를 넣고 끓으면 아가, 판 젤라틴을 혼합시킨다.
3. 소금, 후추를 넣고 핸드 블렌더로 곱게 갈아 준다.
4. 곱게 간 것을 아미에 걸러서 냉장고에 약 20분간 휴지시킨 후 블렌더로 갈고 고운 체에 걸러서 사용한다.

(4) 비트 겔 소스

[재료] 비트 주스 20 mL
아가 4 mL, 젤라틴 2 장
설탕 1 g, 소금 1 g
후추 0.2 g

만드는 방법

1. 비트를 손질하여 주스로 추출한다.
2. 소스 팬에 비트 주스를 넣고 끓으면 아가, 판 젤라틴을 혼합시킨다.
3. 소금, 후추를 넣고 핸드 블렌더로 곱게 갈아 준다.
4. 곱게 간 것을 아미에 걸러서 냉장고에 약 20분 휴지시킨 후 블렌더로 갈아서 고운 체에 걸러서 사용한다.

(5) 오리 베이컨 파우더 소스

[재료] 말도 30 mL, 오리 기름 60 g
갈릭 슬라이스 10 g, 소금 0.5 g
후추 0.2 g, 산초가루 0.1 g

(6) 망고 겔 소스

[재료] 망고 주스 200 mL
아가 4 g, 판 젤라틴 1 장
소금 1 g, 후추 0.3 g

만드는 방법

1. 망고를 주스로 추출한다.
2. 소스 팬에 망고 주스를 넣고 끓으면 아가, 판 젤라틴을 혼합시킨다.
3. 소금, 후추를 넣고 핸드 블렌더로 곱게 갈아 준다.
4. 곱게 간 것을 아미에 걸러서 냉장고에 약 20분 휴지시킨 후 블렌더로 갈아서 고운체에 걸러서 사용한다.

19 마늘 퓌레와 파인애플 라비올리 구운 샬롯 씨 겨자 소스와 된장 거품 소스를 곁들인 수비드 통 삼겹살

Garlic Puree, Pineapple Ravioli and Sous Vide Cooked Pork with Grilled Onion Mustard Seed Sauce and Miso Foam Sauce

[재료] 통 삼겹살 180 g, 파인애플 주스 10 mL
된장주스 5 mL, 올리브 오일 3 mL
레몬제스트 2 g, 타임 0.5 g, 소금 1.5 g
후추 0.5 g

만드는 방법

1. 통 삼겹살을 손질하여 180g 준비한다.
2. 통 삼겹살에 소금, 후추를 뿌린 후 진공 팩에 담고
3. 레몬제스트, 파인애플주스, 된장주스, 올리브 오일, 타임 등을 넣고 진공 포장한다.
4. 수비드 58°C에서 60분간 저온으로 익힌다.
5. 60분 후 진공포장에서 꺼내어 질소에 15초 동안 겉 표면만 얼린 후 시어링해 준다.
6. 진공포장의 주스는 씨 겨자 소스로 사용한다.

(1) 마늘 퓌레 소스

[재료] 생마늘 100 g, 버터 50 g
생크림 30 g, 꿀 2 g
살구 10 g, 소금 1 g
후추 0.3 g

만드는 방법

1. 마늘을 씻어서 물기를 빼고 슬라이스한다.
2. 진공 팩에 마늘, 버터, 생크림, 꿀, 살구, 소금 후추를 넣고 진공 포장한다.
3. 수비드 65°C에서 1시간 20분 저온으로 익힌다.
4. 수조에서 건져 믹서에 넣고 곱게 갈아 고운체에 걸러 사용한다.

(2) 파인애플 라비올리

[재료] 파인애플 주스 200 mL
꿀 3 mL, 알긴산 페이스트 15 mL
염화칼슘 용액 1L

고르곤졸라 치즈 크림소스 만들기

1. 파인애플 주스를 용기에 담고 꿀을 넣어준다.
2. 1.에 알긴산 페이스트를 넣고 저어서 혼합시킨다.
3. 15 mL 둥근 스푼으로 떠서 서서히 염화칼슘 용액에 부어 준다.
4. 약 1~2분 후 아미 스푼으로 꺼내 생수에 씻어서 사용한다.

(3) 구운 샬롯

만드는 방법

1. 소스 팬에 샬롯, 설탕, 올리브오일, 로즈마리, 소금, 후추를 넣고
2. 165°C에서 약 40~50분 구워 준다.
3. 삼겹살을 접시에 담은 후 곁들여 준다.

(4) 씨 겨자소스

[재료] 샬롯 오니온 40 g, 셀러리 20 g
당근 30 g, 꿀 5 mL, 토마토 50 g
레드 와인 30 mL, 다임 0.5 g
폭주스 100 mL, 월계수잎 1장
소금 1 g, 후추 0.3 g

만드는 방법

1. 소스 팬에 당근, 양파, 셀러리, 토마토 등을 올리브 오일로 캐러멜 정도 볶는다.
2. 1.에 토마토를 으깨고 레드 와인을 넣고 졸여준다.
3. 폭주스, 월계수잎, 소금 후추를 넣고 끓여준다.
4. 씨 겨자를 볶아서 넣고 끓인 후 체에 내린다.

(1) 된장 거품소스

[재료] 된장 10 mL
다시국물 300 mL
레시틴 8 mL
소금 0.3 g
후추 0.1 g

만드는 방법

1. 커피추출기인 사이폰에 육수와 된장을 넣고 열을 가한다.
2. 밑에 있는 물이 약 4회 올라가면 고운체에 내린다.
3. 깊이가 있는 용기에 된장국을 담고 레시틴을 넣어주고
4. 랩으로 80% 덮은 다음, 핸드 블렌더로 공기를 불어 넣어 주면서 거품을 만든다.

(2) 다시마 육수 만드는 방법

[재료] 물 500 mL, 다시마 30 g
멸치 20 g, 양파 15 g
대파 15 g, 마늘 5 g, 무 10 g

만드는 방법

1. 압력 밥솥에 물을 넣고 무, 대파, 마늘, 양파, 다시마, 멸치를 넣는다.
2. 약 40분 동안 압력밥솥에서 익힌 후 체에 내린다.

시즌닝 하기

수비드 하기

질소에 넣기

시어링 하기

접시에 담기

20 수비들을 이용한 고르곤졸라 치즈 소스와 단호박 퓌레 소스, 머시룸 둑셀을 곁들인 치킨 가슴살

Sous Vide Cooked Chinken Breast with Gorgonzola Cheese Sauce, Mashed Pumpkin Sauce, and Mushroom Duxelles Stuffing

[재료] 닭가슴살 150 g, 양파 30 g
마늘 10 g, 머시룸 80 g,
소금 1(1/3) g(ts), 후추 0.5 g
만다린 올리브오일 1 ts
단호박 퓌레 30 mL

만드는 방법

– 머시룸 둑셀 만들기

1. 양파와 양송이를 다진다.
2. 달군 팬에 올리브 오일을 두르고 양파와 양송이를 볶는다.
3. 2번에 생크림, 소금, 후추를 넣고 졸여 준다.
4. 농도가 되도록 졸여서 저어 준 후 식힌다.

– 가니시 더운 채소 만들기

1. 브로콜리, 새송이, 방울토마토를 먹기 좋은 크기로 썰어 준다.
2. 각 재료를 진공포장지에 넣고 소금, 후추 간을 하고 올리브 오일을 둘러 준다.
3. 진공포장을 한 뒤 수비드 수조에 넣고 조리한다.(섬유질의 정도에 따라 온도와 시간이 달라진다.)

– 닭가슴살 속 채우기

1. 닭 가슴살의 가운데에 칼집을 내서 주머니처럼 만든다.
2. 소금, 후추로 간을 하고 머시룸 둑셀을 채워 넣는다.
3. 입구를 칼등으로 두드려 봉합한다.
4. 진공 팩에 넣고 진공포장을 한 뒤 수비드 수조에 넣고 조리한다.
5. 수비드한 상태의 닭 가슴살을 액체질소에 30~40초 넣어 표면만 냉동시킨다.
6. 액체질소에서 꺼내어 바로 기름 195°C에서 바삭하도록 튀긴다.
7. 기름을 뺀 후 잘라서 접시에 담는다.
8. 수비드한 채소로 가니시한다.

   [Tip] 수비드로 쿡킹하면 고기 속의 고기 주스를 그대로 머금고 있는데, 액체질소에 담그면 겉 표면을 순식간에 동결 상태로 만들어 다시 +195°C에 튀기면 고기속 수분이 그대로 있는 상태로 겉만 바삭하게 된다. 속은 촉촉하고 겉은 바삭한 요리를 만들 수 있다.

(1) 고르곤졸라 치즈 소스

[재료] 크림 치즈 15 mL
생크림 70 mL
양파찹 5 g, 소금 1.5 g
후추 0.4 g

만드는 방법

– 치즈 크림 소스 만들기

1. 양파 찹하고 프라이팬 버터를 두르고 볶아 준다.
2. 치즈 15 mL, 생크림 70 mL에 소금과 후추로 간을 하고 양파를 넣는다.
3. 계속 약불로 졸여주면서 농도가 걸쭉해지면 불을 끈다.
4. 요리를 내기 전에 따뜻하게 데워서 곁들인다.

(2) 오렌지 겔 소스 만들기

[재료] 주스(Orange) 200 mL
과당(fructose) 50 mL
구연산(Citric acid) 15 mL
잔탄검(Xanthan gum) 5 mL
소금(Salt) 1 ts

만드는 방법

1. 오렌지를 반으로 잘라서 주스를 내린다.
2. 소스 팬에 오렌지 주스를 담고 끓여 준 후
3. 과당, 켈코겔 에프, 구연산, 잔탄검, 소금 넣고 다시 끓여준다.
4. 체에 걸러서 소스로 사용한다.

오렌지 주스에 과당, 구연산, 소금, 잔탄을 넣고 블렌더로 믹싱한다.

(3) 비트 겔 소스

[재료] 비트 주스 20 mL
아가 4 mL, 젤라틴 2장
설탕 1 g, 소금 1 g

만드는 방법

1. 비트를 주스로 추출한다.
2. 소스 팬에 비트 주스를 넣고 끓으면 아가, 판 젤라틴을 혼합시킨다.
3. 소금, 후추를 넣고 핸드 블렌더로 곱게 갈아준다.
4. 곱게 간 것을 아미에 걸러서 냉장고에 약 20분 휴지시킨 후 블렌더로 간 다음에 고운 체에 걸러서 사용한다.

21 마늘과 배 시트와 아보카도, 참기름 라비올리를 곁들인 소고기 육회

Korean Style Raw Beef with Garlic and Pear Sheets, Avocado and Sesame Oil Ravioli

[재료] 소고기 안심 130 g
배와 마늘시트 40 g
마늘 20 g, 아보카도 50 g
아스파라거스 40 g
참기름 라비올리 15 mL
실파 5 g, 말린 감 3 g
고추기름 15 mL, 꿀 20 mL

만드는 방법

1. 소고기 채 썬 것을 믹싱 볼에 담는다.
2. 마늘을 채 썰기하여 소금, 참기름, 고추기름, 후추, 꿀 등을 넣고 잘 버무려 준다.
3. 사각 몰드에 넣고 액체질소를 200 mL 위에 부어 사각 모형을 잡는다.
4. 몰드에서 빼내어 접시에 담는다.
5. 참기름 라비올리를 아보카도 위에 얹어 주고 마늘과 배 시트를 위에 얹어 준다.

(1) 육회 만들기

[재료] 소고기 안심 100 g
소고기 방심 80 g
마늘 30 g, 참기름 10 mL
고추기름 5 mL, 배 60 g
꿀 15 mL, 소금 2 g
후추 0.3 g

만드는 방법

1. 소고기 안심과 방심을 질소에 약 15초 동안 겉 표면을 얼린 후 채썰기를 한다.
2. 믹싱 볼에 담아놓고 마늘 채썰기 한 것과 참기름, 고추기름, 소금, 후추, 꿀을 넣고 잘 섞어준다.
3. 사각 몰드에 찍어 내어 접시에 담고 그 위에 마늘 배 시트를 얹고 배를 구체화로 만들어서 곁들어 준다.
4. 아스파라거스는 끓는 물에 데쳐서 얇게 편으로 썰어서 밑에 깔고 그 위에 육회를 얹어 준다.
5. 아보카도는 약 80g 잘라서 소스 팬에 버터와 설탕 소금, 후추로 간을 하고 팬 프라이한다.
6. 말린 감과 실파 참깨 등을 뿌려 준다.

(2) 마늘과 배 시트 만드는 방법

[재료] 마늘 30 g, 배 100 g
아가 13 mL
판 젤라틴 2장
소금 1 g, 후추 0.2 g

만드는 방법

1. 마늘과 배를 블렌더로 갈아서 주스를 추출한다.
2. 자루냄비에 넣고 80°C까지 온도가 오르면 아가와 판 젤라틴을 넣고 혼합시킨다.
3. 소금과 후추로 맛을 내고 고운 체로 내린 다음 시팬에 부어서 냉동고에 약 1시간 보관 후 다시 냉장고에서 해동시킨다. 그러면 부드러운 시트를 얻을 수 있다.

참기름 라비올리 만들기

1. 참기름을 잔탁을 넣고 되게 만든 후 실리콘 몰드에 넣고 냉동실에서 10시간 얼린다.
2. 망고 주스를 이용해서 리버스 방법으로 표피를 구성하여 참기름을 속에 가둔다.

22 단호박 퓌레, 당근 겔, 비트 겔, 화이트 아스파라거스 퓌레, 시금치 젤라틴, 갈릭 파우더 모렐 버섯 소스를 곁들인 수비드 소고기 안심구이

Sous-vide Cooked Beef Tenderloin Steak with Pumpkin Puree, Carrot Gel, Beet Gel, Asparagus Puree, Spinach Gelatine, Garlic Powder and Morel Mushroom Sauce

[재료] 소고기 안심 180 g, 화이트 아스파라거스
퓌레 소스 10 mL, 단호박 퓌레 소스 5 mL
당근 겔 소스 2 mL, 비트 겔 소스 1 mL
시금치 젤라틴 30 g, 갈릭 파우더 소스 1 mL
모렐 버섯 소스 6 mL

만드는 방법

1. 소고기를 소금, 후추, 올리브 오일, 로즈마리로 시즌닝하고 진공팩 포장을 한다.
2. 수비드 온도 62°C에서 30~40분 동안 수비드하면 미디엄 레어 정도로 된다.
3. 액체 질소에 약 12초 동안 표면을 얼리고 시어링(Searing) 한 후 접시에 담는다.
4. 여러 가지 소스를 스테이크 주변에 담는다.
5. 더운 채소도 곁들여 준다.

(1) 오렌지 겔 소스

[재료] 오렌지 주스 20 mL, 아가 4 mL
젤라틴 2장, 설탕 1 g, 소금 1 g

만드는 방법

1. 오렌지를 반으로 잘라서 주스를 내린다.
2. 소스 팬에 오렌지 주스를 담고 끓여 준 후
3. fructose(과당), Kelcogel F, Citric acid(구연산), 잔탄검, 소금을 넣고 다시 끓여 준다.
4. 고운 체에 걸러서 소스 통에 넣고 사용한다.

(2) 비트 겔 소스

[재료] 비트 주스 20 mL
아가 4 mL, 젤라틴 2 장
설탕 1 g, 소금 1 g

만드는 방법

1. 망고를 주스로 추출한다.
2. 소스 팬에 망고 주스를 넣고 끓으면 아가, 판 젤라틴을 혼합시킨다.
3. 소금, 후추를 넣고 핸드 블렌더로 곱게 갈아 준다.
4. 곱게 간 것을 아미에 걸러서 냉장고에 약 20분 휴지시킨 후 블렌더로 갈아서 고운 체에 걸러서 사용한다.

(3) 단호박 퓌레

[재료] 단호박 50 g, 버터 25 g
생크림 13 g, 소금 0.7 g
후추 0.1 g

만드는 방법

1. 단호박 껍질을 벗기고 얇게 썰기하고 버터, 생크림, 소금 후추를 넣고 진공 포장한다.
2. 수비드 온도 85°C에서 약 8시간 수비드한다.
3. 핸드 믹서기로 갈아서 고운체에 걸러서 농도를 맞추고 소스 통에 넣고 사용한다.

(4) 모럴 소스

[재료] 모럴 버섯 23 g, 샬롯 16 g
마늘 30 g, 소고기 주스 270 mL
화이트 와인 60 mL, 버터 15 g
올리브 오일 25 mL, 생크림 110 mL
다임 1.5 g, 로즈마리 2 g
소금 1 g, 후추 0.2 g

만드는 방법

1. 건조된 모럴 버섯을 흐르는 물에 손질하고 올리브 오일을 넣고 샬롯, 마늘을 볶은 후 모럴 버섯을 넣고 다시 볶아준다.
2. 강불에서 와인을 넣고 천천히 다시 볶아 준다.
3. 비프 소스와 크림을 넣고 끓이다가 로즈메리와 다임을 넣고 졸여준다.
4. 소스가 졸아서 걸죽해지면 소금 후추로 맛을 내고 버터를 넣어 몬테 후 사용한다.

23 민트 시트와 포트 와인소스를 곁들인 양갈비 구이
Grilled Lamb Chop with Mint Sheet and Port Wine Sauce

[재료] 양고기 등심 200 g, 민트젤리 40 g
포트 와인 소스 30 mL, 살구 퓌레 15 mL
구스리버와 허브 파우더 10 mL
감자 뇨키 10 mL, 그린 아스파라거스 30 g
토마토 30 g, 로즈마리 0.3 g

만드는 방법

1. 양갈비를 소금, 후추, 로즈마리로 시즌닝한 후 올리브오일을 곁들이고 진공 포장한다.
2. 수비드 온도는 58°C에서 1시간 수비드한다.
3. 수비드 후 질소에 표피를 약 10초 정도 얼린 후 시어링해 준다.
4. 양갈비에 머스터드를 발라주고 구스 리버와 허브 파우더를 뿌려주고 접시에 담는다.
5. 살구 퓌레와 감자 뇨키를 폴트 와인에 버무려 곁들인다.
6. 더운 채소들을 함께 곁들여 준다.

(1) 살구 퓌레 만들기

[재료] 살구 주스 200 mL
과당(fructose) 50 mL
구연산(Citric acid) 15 mL
잔탄 검(Xanthan gum) 5 mL
소금(Salt) 1 ts

만드는 방법

1. 살구를 반으로 잘라서 주스를 내린다.
2. 소스 팬에 살구 주스를 담고 끓여 준 후
3. 과당(fructose), 켈코겔에프(Kelcogel F), 구연산(Citric acid), 잔탄검(Xanthan gum), 소금(Salt)을 넣고 다시 끓여 준다.
4. 고운 체에 걸러서 소스로 사용한다.

(2) 폴트 와인 소스 만들기

[재료] 양고기 주스 200 mL
포트 와인 80 mL, 레드 와인 30 mL
양파 40 mL, 로즈마리 0.3 g
버터 2 g, 소금 1 g, 후추 0.2 g

만드는 방법

1. 양파는 올리브 오일을 넣고 볶아준다.
2. 강불에서 와인을 넣고 천천히 다시 볶아준다.
3. 양고기 주스를 넣고 끓이다가 로즈마리와 다임을 넣고 졸여준다.
4. 소스가 졸아서 걸죽해지면 소금 후추로 맛을 내고 버터를 넣어 몬테 후 사용한다.

(3) 민트 젤리 만들기

[재료] 민트 허브 1팩
치킨스톡 200 mL, 아가 15 mL
설탕 5 mL, 소금 0.5 g
후추 0.2 g

만드는 방법

1. 프레시 민트를 치킨스톡에 넣어서 블렌더로 갈아 준다.
2. 민트 스톡에 소금 후추로 맛을 내고 아가를 넣고 80°C까지 가열한다.
3. 냉장고에 약 20분 정도 휴지시킨 후 블렌더로 갈아 고운 체에 걸러준다.
4. 아스텔지에 민트 겔을 얇게 펴서 냉장고에 넣고 약 20분 후 분리시킨 다음 양고기 등심에 올려놓는다.

(1) 감자 뇨키 만들기

[재료] 알긴산 페이스트 15 mL
열화칼슘 3 mL, 감자 50 g
버터 25 g, 너트매그 0.5 g
생크림 20 g, 소금 1 g
후추 0.2 g

만드는 방법

1. 감자를 껍질 벗겨서 얇게 썰어준다.
2. 감자와 버터, 생크림, 소금, 후추 등을 진공 팩에 넣어 밀봉한다.
3. 수비드 온도 85°C에서 8시간 수비드한다.
4. 다 익은 감자를 블렌더로 갈아 준다.
5. 감자 200 mL에 알긴 페이스트 15 mL를 넣고 혼합한다.
6. 베이커리 백에 넣고 칼슘 솔루션에 서서히 국수처럼 길게 짜준다.
7. 약 1분 후 가위로 뇨키 포테이토 크기로 잘라서 소스에 버무려 접시에 담아 준다.

(2) 칼슘 솔루션 만들기

[재료] 물 400 mL
염화칼슘 10 mL

만드는 방법

1. 용기에 물을 400 mL, 염화칼슘 10 mL을 넣고 휘핑기로 서서히 저어서 녹여 준다.
2. 입자가 완전히 녹았을 때 사용한다.

(3) 석류 거품소스 만들기

[재료] 석류 주스 150 mL
치킨스톡 50 mL
생크림 30 mL
소금 1 g, 후추 0.2 g
레시틴 10 mL

만드는 방법

1. 석류주스와 치킨스톡, 생크림을 소스 팬에 담고 끓여 준다.
2. 소금과 후추로 맛을 내고
3. 레시틴을 넣고 사각 인서트에 담아 핸드 블렌더로 공기를 넣으면서 거품을 만든다.

94 설탕속의 과일 젤리와 초콜릿
Fruit Jelly and Chocolate in Sugar

95 로제 와인과 브랜디를 곁들인 석류와 마, 산딸기 거품 젤리

Pomegranate with Rosé Wine and Brandy, Raspberry Bubble Jelly

[재료] 석류 주스 80 mL, 로제와인 20 mL
마 주스 100 mL, 브랜디 10 mL
복분자 주스 80 mL, 쉬라즈와인 20 mL
꿀 5 mL, 젤라틴 5장, 민트 4장
글리에스터 10 g

26 라스베리 설탕 구에 치즈 무스를 채우고 키위 소스를 곁들인 디저트

Raspberry Sugar Dessert filled Cream Cheese Mousse with Kiwi Sauce

[재료] 이소말트 200 mL, 크림치즈 2 TS
생크림 100 mL, 우유 20 mL
레몬 1/4 cut, 오렌지 1/4 cut
라스베리소스 1 ts, 키위소스 1 ts
액화질소 300 mL

만드는 방법

1. 이소말트 200 mL를 냄비에서 끓여 녹인다. (160~165°C에서 꺼낸다.)
2. 1.을 두 덩어리로 나누어 빨간색 색소와 녹색 색소를 각 덩어리에 첨가하여 늘였다 합쳤다를 반복하여 혼합한다.
   (많이 할수록 윤이 나고, 식어 굳어졌을 경우는 전자레인지에 살짝 돌려 녹여서 모양을 만든다. 그리고 설탕공예를 할 때에는 반드시 면장갑을 착용한 후 그 위에 실리콘 장갑을 착용해야만 화상에 안전하다.)
3. 붉은색 이소말트 덩어리는 실리콘 패드 위에서 구 모양을 만든 뒤 펌프를 꼽아 공기를 주입하여 속이 빈 사과의 모양을 잡아 선풍기로 식혀준다. (이때 공기가 새지 않도록 틈을 잘 막아야 한다. 그리고 공기를 주입할 때에는 호스 끝을 막고, 공기 주입 후 손을 뗄 때에는 호스 끝을 막고 있는 손도 함께 떼야 공기가 주입된다.)
4. 사과의 본체를 이루고 남은 붉은 색 이소말트 덩어리는 토치로 달구어 잘라낸다. (이때 그냥 쳐서 잘라내면 만들어져 있는 사과 모양이 깨질 수 있으니 주의해야 한다.)
5. 치즈무스를 만들어서 질소로 얼린 뒤에 믹서로 갈아서 만든 사과 설탕구에 넣는다.
6. 사용하고 남았던 붉은색 이소말트 덩어리를 렌지로 녹여 다시 얇게 늘인 뒤, 치즈 무스 아이스크림을 넣은 구멍을 막아 준다.
7. 녹색 이소말트 덩어리를 렌지로 녹여 잎사귀 모양을 만든 뒤 6번에 붙여 사과 잎을 만든다.
8. 접시에 스펀지 케이크를 깔고 그 위에 사과 구를 얹어서 움직이지 않도록 접시에 플레팅 한다.

27 살구와 망고 민트를 곁들인 과일 라비올리 디저트

Fruit Ravioli Dessert with Apricots and Mango Mint

[재료] 망고 주스 200 mL, 알긴산 페이스트 15 mL
살구주스 200 mL, 알긴산 페이스트 15 mL
염화칼슘 수용액 만들기
물 1 L, 염화칼슘 7~10 g

만드는 방법

1. 망고 주스와 살구 주스에 알긴산 페이스트를 넣고 거품기로 천천히 잘 혼합 되도록 저어준다.
2. 둥근 스푼에 담아 염화칼슘 수용액에 천천히 떨어뜨린다.
3. 염화칼슘 수용액에 오래 두면 계속 반응을 일으켜 딱딱해지므로 식감을 얻으려고 한다면 1~2분 후에 다른 식수로 옮겨 담아야 한다.
4. 완성된 과일 라비올리를 접시에 담고 과일 주스를 넣어주고 장식한다.

28 초콜릿과 설탕을 이용한 목화솜 디저트

Cotton Candy Dessert with Chocolate

[재료] 초콜릿 300 g
설탕 300 mL

만드는 방법

1. 다크 초콜릿을 준비하여 믹싱 볼에 물을 담고 중탕으로 템퍼링한다.
2. 처음 중탕에서 45~50˚C에서 녹여 준다.
3. 다 녹으면 바로 27˚C로 온도를 내린다.
4. 그리고 다시 32˚C로 올려서 템퍼링해 준다.
5. 막대기 모양의 몰드에 초콜릿을 부어 냉장고에서 굳힌다.
6. 나무 모양으로 만들고 솜사탕을 만들어 솜으로 표현한다.

29 초콜릿 구름 이용한 치즈 무스
Cheese Mousse with Chocolate Balls

[재료] 초콜릿 100 g, 설탕 50 g
마스카포네치즈 80 g, 크림치즈 30 g
생크림 100 mL

만드는 방법

1. 다크 초콜릿을 준비하여 믹싱 볼에 물을 담고 중탕으로 템퍼링한다.
2. 처음에 중탕에서 45~50°C에서 녹여 준다.
3. 다 녹으면 바로 27°C도로 온도를 내린다.
4. 그리고 다시 32°C로 올려서 템퍼링해 준다.
5. 풍선 또는 몰드에 초콜릿을 부어 냉장고에 굳힌다.
6. 약 30분 후 초콜릿 구를 분리한다.
7. 마스카포네 치즈와 크림치즈를 중탕으로 믹싱 볼에 담아 거품기로 저어서 묽게 만든다.
8. 설탕을 넣고 잘 혼합시키고 생크림을 휘핑기로 거품을 만들어서 천천히 치즈와 섞어 준다.
9. 베이커리 백에 담아 초콜릿 구에 채워 넣고 접시에 담는다.

30 이소말트 구름 이용한 프로마쥬 블랑치즈 무스와 아이스크림

Peuromajyu Cheese mousse & Ice cream with Isomalt balls

[재료] 이소말토 300 mL, 프로마쥬 블랑 치즈 80 g
생크림 200 mL, 우유 100 mL, 설탕 100 mL
꿀 50 mL, 잔탄 검 15 mL, 액체질소 2 L

만드는 방법

1. 이소말트 300 mL를 작은 불로 냄비에서 끓여 160~165°C에서 꺼낸다.
2. 이소말트 녹인 것을 실리콘 패드 위에 부어서 식힌 후 손으로 구 모양을 만든다.
3. 펌프를 꼽아 공기를 주입하면서 둥근 구 모양을 만들며 선풍기로 식혀준다.
4. 치즈무스를 만들어서 질소로 얼린 뒤 믹서로 갈아서 만든 구에 넣는다.
5. 프로마쥬 블랑치즈를 중탕으로 믹싱 볼에 담아 거품기로 저어서 묽게 만든다.
6. 꿀을 넣고 잘 혼합시키고 생크림을 휘핑기로 거품을 만들어서 천천히 치즈와 섞어준다.
7. 베이커리 백에 담아 설탕 구에 채워 넣고 접시에 담는다.

- 아이스크림 만들기

[재료] 생크림 500 mL
우유 100 mL
설탕 100 mL
꿀 150 mL
잔탄검 15 mL
액체질소 2 L

만드는 방법

1. 믹싱 볼에 우유와 생크림, 물엿, 설탕을 넣고 믹싱한다.
2. 설탕이 다 녹도록 믹싱한다.
3. 잔탄을 넣고 믹싱 후 질소를 천천히 넣어 주면서 섞어 준다.
4. 질소와 잔탄에 의해 점성이 생기고 아이스크림이 형성되면 접시에 담는다.

31 쿨로미에 치즈 무스와 과일과 초콜릿
Coulommiers Cheese Mousse with Fruit and Chocolate

[재료] 초콜릿 100 g, 설탕 50 g
쿨로미에 치즈 80 g, 크림치즈 30 g
생크림 100 mL, 꿀 50 mL
체리 40 g, 딸기 30 g

만드는 방법

1. 다크 초콜릿을 준비하여 믹싱 볼에 물을 담고 중탕으로 템퍼링한다.
2. 처음 중탕에서 45~50°C에서 녹여 준다.
3. 다 녹으면 바로 27°C로 온도를 내린다.
4. 그리고 다시 32℃로 올려서 템퍼링해 준다.
5. 풍선 또는 몰드에 초콜릿을 부어 냉장고에 굳힌다.
6. 약 30분 후 초콜릿 구를 분리한다.
7. 쿨로미에 치즈와 크림치즈를 중탕으로 믹싱 볼에 담아 거품기로 저어서 묽게 만든다.
8. 설탕을 넣고 잘 혼합시키고 생크림을 휘핑기로 거품을 만들어서 천천히 치즈와 섞어 준다.
9. 베이커리 백에 담아 초콜릿 구에 채워 넣고 접시에 담고 살구, 키위 소스, 체리, 딸기 등을 곁들어 준다.

32 풍미가 좋은 가프롱 치즈와 제주 감귤 라비올리

Delicious Gaperon Cheese and Jeju Mandarin Ravioli

[재료] 가프롱 치즈 라비올리 80 g
귤 라비올리 100 g, 귤 주스 150 mL
망고 주스 100 mL, 민트 2장
알긴산
염화칼슘
망고 주스 200 mL
가프롱 치즈 45 mL
알긴산 페이스트 10 mL
레몬 제스트 3 g, 꿀 5 mL
젖산 칼슘 3 mL, 감귤주스 120 mL
망고 주스 80 mL
알긴산 페이스트 15 mL

만드는 방법

1. 치즈를 녹여서 레몬 제스트와 꿀을 넣고 미트볼처럼 구를 만든다.
2. 젖산칼슘 물에 담갔다가 망고 주스 알긴산 물에 넣어서 피막이 생기도록 한다.
3. 약 2분 후 맑은 물로 씻어준 뒤 사용한다.

- 염화칼슘 수용액 만들기

[재료] 물 1 L
염화칼슘 7~10 g

만드는 방법

1. 감귤 주스와 망고 주스를 혼합한 후 알긴산 페이스트를 넣고 거품기로 천천히 잘 혼합되도록 저어준다.
2. 둥근 스푼에 담아 염화칼슘 수용액에 천천히 떨어뜨린다.
3. 염화칼슘 수용액에 오래 두면 계속 반응을 일으켜 딱딱해지므로 식감을 얻으려고 한다면 1~2분 후에 다른 식수로 옮겨 담아야 한다.
4. 완성된 과일 라비올리를 접시에 담고 과일 주스를 넣어주고 장식한다.

참고문헌

국내 문헌

- John E. Mcmurry(2018). "맥머리의 유기화학", 역음: 화학교재연구회.
- 레오나르도 다빈치(2002). "한 천재의 은밀한 취미", 서울: 책 읽는 마을.
- 리차드파인만(2016). "물리법칙의 특성", 역자: 안동완, 서울: 해나무.
- 라파엘 오몽(2009). "부엌의 화학자", 김성희 옮김, 서울: 더숲.
- 이강민(2017). "나는 부엌에서 과학의 모든 것을 배웠다", 서울: 더숲.
- 에르베 티스(2007). "냄비와 시험관", 서울: 청문각.
- 최수근(2004). "최수근의 서양요리", 서울: 형설출판.
- 함동철. 강재희(2018). "외식산업 창업과 경영", 서울 백산 출판.
- 장상태. 함동철(2016). "외식산업 이론과 실제", 서울: 에이드북.
- 노순배(2009). "분자미식학의 이해", 서울: 현학사.
- 원보연. "분자요리의 이해와 발전 가능성에 대한 소고(小考)"

외국 문헌

- Heiko Antoniewicz(2015). "VERWEGEN KOCHEN", Molekulare Techniker UND Texturen, MATTHAES.
- El Bulli(2003). "El Bulli books", Ferran Adria, Juli Soler, Albert Adria.
- El Bulli(2004). "El Bulli books", Ferran Adria, Juli Soler, Albert Adria.
- Grant Achatz(2008). "ALINEA", TEN SPEED PRESS.
- GORDON Ramsay(2006). CHEF London Quadrille.
- Judith Choate & Matthew Septimus(2007). "The Fundamental TECHNIQUES Of Classic Cuisine", stewart tabori e chang.
- The Professional chef ninth editon the culinary institute of america.
- Hannes Finkbeiner(2010). "KOCHIMPULS", Matthaes Velag Gmbh, stuttgart.
- The International Magazine In Good Taste "100 ISSUES", art culinaire.
- master Chef favorite recipes, h.f. ullmann. 2007.
- Culina Mundi(2006). Konemann.
- The best df Art Culinaire ISSUES31-45(2004). Culinaire.
- Ferran Adria(2011).『The Family Meal』, Phaidon.

기타 자료

- http://zooskitchen.com/
- https://en.wikipedia.org/wiki/Agaropectin
- https://www.youtube.com/watch?v=RtMWWRoTkpc
- https://www.youtube.com/watch?v=X11GbEwxDQc
- https://www.youtube.com/watch?v=Q1Wu2UJzASE

찾아보기

French Laundry 메뉴 25
pH값 48
Piere Gorgonier 메뉴 25
The Fat duck 메뉴 25
17C~19C의 요리 13

가니시(Garnish) 15
가스치환포장방식(MAP) 57
가역적 겔 68
가열조리법 69
간장 와사비 폼소스 131
간접구이 73
감자 뇨키 만들기 156
거름망(mesh strainer) 42
거품 만들기 93
건열조리법 71
건조기(drying machine) 41
게리케(Otto von Guerike) 27
게스트로박(Gastrovac) 34, 36
겔화제(gelling agent) 51
결합수 67
계란흰자가루 56
계랑 컵 46
계량기구 46
계량단위 46
계량 스푼 46
고르곤졸라 치즈 소스 149
교질용액 68
구아 검(Guar Gum) 54
구연산(CITRIC) 48
구운 샬롯 145
구운 양파 라비올리 137
국자(Ladle) 41
그린허브 소스 109
그린허브 퓌레 109
그릴링(grilling) 72
극세 분세기(Picojet) 34, 35
글루코오스(glucose) 48
글리세린 플레이크(glycerin flake) 52
글리스터(glister) 54
끓이기(boiling) 70
농밀제(Densification) 53
누벨퀴진(nouvelle cuisine) 15
니콜라스 쿠르티(Nicolas Kurti) 19
다시마 육수 146
다이렉트(direct) 기법 78
단 호박 퓌레 소스 127
대류(convection) 63
데미글라스 소스(Demiglace Source) 36
데치기(blanching) 69
동결건조기(lyophilizer) 37
된장 거품소스 146
드니 파팽(Denis Papin) 27
딥 포칭(deep poaching) 71
라부아지에(Antone Laurent & Lavoisier) 19
라비올리 만들기 122
라비올리 시트 109
랍스터 랩핑 시트 만들기 139
레몬 거품 소스 만들기 111
레몬 겔 소스 117
레시틴(lecitin) 26
레어(rare) 29
로브레프스키(Wroblewski) 56
로스팅(roasting) 72
로커스트 콩 검(Locust Bean Gum) 54
룩(Roux) 14
리버스(Reverse) 기법 84
리슬링(Riesling) 와인 137
리차즈(Ellen Henrietta Richards) 15
마늘 퓌레 소스 145
마델라 와인 소스 141
마리 앙뜨완 카렘(Marie Antoine Careme) 14
마요네즈(mayonnaise) 14
마이야르 반응(Maillard reaction) 19
말토덱스트린(maltodextrin) 55
망고 겔 소스 142

망고 라비올리(mango ravioli) 42
망고 퓌레 소스 125
메디치(Catherine de Médicis) 13
메토셀(metocel) 55
모럴 소스 153
모체 소스(mother sauce) 14
물 끓는 점 65
물 어는 점 66
미오글로빈(myoglobin) 29
미오신(myosin) 29
민트 젤리 만들기 155
바질 소스 111
배 시트 만드는 방법 151
버흐 주스(Ver jus) 13
베샤멜(Bechamel) 14
벨루테(Veloute) 14
복사(heat radiation) 64
복합조리법 74
부용(Bouillon) 14
부용 큐브(Buillon Cube) 19
분자물리 요리학 19
분자미식학(molecular gastronomy) 20
분자 요리(molecular cooking) 20
분자 요리학 19
브레이징(braising) 75
브로일링 73
브루노 구솔(Bruno Goussault) 28
블렌더(blender) 42
블루치즈 거품소스 129
비가열 조리 69
비스큐 소스 134
비트 젤 소스 117, 142, 149, 153
사이펀(Siphon) 35
사이펀기(Siphon) 34
산화(Oxidation) 62
살구 퓌레 만들기 155
삶기 71
삼투압(osmotic pressure) 61
섈로 포칭(shallow poaching) 71
석류 거품소스 만들기 156
섭씨온도(℃)계 63
세트메뉴(Set menu) 15
셔벳(Sherbet) 56
소테(sauteing) 73
수비드(Sous Vide) 27
수비드 시즈닝(seasoning) 방법 31
수비드 콘피 오일 109
수소이온농도(pH) 62
수중유적형(O/W) 62
수크로오스(sucrose) 52
수프(Soup) 만들기 95
스모킹건(Smoking gun) 38
스시 초대리 소스 131
스터 프라잉 74
스튜잉(stewing) 75
스포이드 피펫(spuit pipette) 38
습열조리법 69
시라즈 와인 109
시머링(simmering) 70
시어링(searing) 30
시트라트(CITRAT) 48
시트루스(citrus) 48
실리콘 몰드(silicon Mold) 41
실리콘 호스(silicone hose) 39
씨 겨자소스 145
아가(agar) 50, 87
아라비아 검(Arabia gum) 54
아리스토텔레스(Aristoteles) 16
아보카도 라비올리 136
아뻬르(Appert) 28
아이스크림 만들기 169
아이오카(IOCA) 56
안티 그릴드(Anti−griddle) 37
알긴산(alginic acid) 48
알긴 수용액 122
알망데(Allemonde) 14
애피타이저(appetizer) 103
액체질소(Liquid nitrogen) 56
액틴(actin) 29
에르베 티스(Herve This) 19
에멀션(Emulsion) 52
에스파뇰(Espagnole) 14
에스푸마(espuma) 53
엘블리(El bulli) 레스토랑 24
연어 매리네이드 칠링 119, 122
열전도율 65
염화칼슘(calcium chloride) 50
염화칼슘 수용액 만들기 173
오렌지 젤 소스 만들기 149
오리 베이컨 파우더 소스 142
오븐구이 72
오징어 먹물 젤 소스 134
올체프스키(Olszewski) 56
와사비 간장 시트 124
와사비 잎 젤 소스 125
용매 67
용액 67
용질 67
워터 배스(water bath) 31

원더베르크(Wonderwerk) 10
웰던(welldone) 29
유리수(free water) 66
유자 퓌레 소스 129
유중수적형(W/O) 62
유화액(emulsion) 62
유화제(Emulsification) 52
육회 만들기 151
이소말트(Isomalt) 57
이오타(Iota) 카라기난 51

자

자유수 66
잔탄(Xantan) 26
잔탄 검(Xanthan Gum) 53
전도(conduction) 63
점성(Viscosity) 60
젖산칼슘(calcium lactate) 50
젤(겔, gel) 61
젤라 검(Jellageom) 51
젤라틴(gelatin) 29
젤리피케이션(gelification) 52
젤리화(Gelification) 50
졸(sol) 61
저우커우뎬[周口店] 동굴 10
주사기(Syringe) 40
중세의 요리 13
증류기(Rotary Evaporator) 34
직접구이 72
진공 저온조리기 34
진공 팩(Vacuum pack) 40
진공포장기(Vacuum package machine) 39
진용액 67
질소용기(Nitral) 37
찌기(steaming) 71

차

차가운 양상추 소스 119, 122
초단파 조리법 75
칠링(Chilling) 31

카

카라기난(carrageenan) 50
카카(kaca) 51
카파(Kappa) 카라기난 51
칼슘 솔루션 만들기 156
커트 럼포드(Rumford) 19
케이퍼 캐비어 만들기 127
콜라겐(Collagen) 29
콜로이드 용액 61
쿨리(coulis) 14

타

타공 스푼(sieve Spoon) 40
타피오카 전분(Tapioca starch) 53
테린(terrine) 50
테플론(Teflon) 재질 37
토마토 맥주 42
토마토 소스(Tomato sauce) 14
토마토 시트 만들기 131
톰슨(Benjamin Thompson) 19
트러플 머쉬룸(Truffle Mushroom) 36
트러플 머시룸 오일 라비올리 111
트러플 오일 파우더 133
트리몰린(Trimolin) 57

파

파르메산 거품소스 134
파생 소스(derivation) 14
파스퇴르(Louis Pasteur) 19, 28
파인애플 라비올리 145
포우칭(poaching) 70
폰 리비히(Justus von Liebig) 19
폴트 와인 소스 만들기 155
폴트 와인에 절인 배 129
폼(foam) 55
표면장력(Surface tension) 60
퐁뒤(fordue) 요리 52
퓌레 소스 111
프랄뤼(Georges Pralus) 28
프렌치 런드리(French Laundry) 레스토랑 24
플라톤(Platon) 16
피에르 고르고니에(Piere Gorgonier) 레스토랑 24

하

항온순환수조 30
핸드 블렌더(Hand blender) 42
허니 캐비어 109
현탁액 68
호모 사피엔스(Homo sapiens sapiens) 10
홀란다이소스(Hollandaise sauce) 14
홀스래디시 겔 소스 117
홀스래디시 크림치즈 무스 127
홀스래디시 퓌레 소스 125
화씨온도(℉)계 63
휘퍼(whipper) 35
휘핑기(whipping) 34

함동철 프로필

- 現) 한국호텔관광전문학교 학장
- 세종대학교 일반대학원 외식경영학 석사, 박사
- 국제문화대학원대학교 조교수 역임

산업체경력

- 신라호텔 근무
- 서울르네상스호텔 근무
- 베이징 시티호텔 근무
- FSC외식경영연구소 소장 근무

주요 저서 및 연구논문

- "외식산업 창업과 경영", 백산출판사, 2018.
- "외식산업 이론과 실제", 에이드북, 2016.
- "전문 이태리 요리", 백산출판사, 2013.

- "호텔주방조직의 관리자 리더쉽이 종사자의 직무만족과 조직몰입에 미치는 영향," 한국호텔외식경영학회, 2008.
- "농산물의 지리적 표시기능이 지역이미지와 구매의도에 미치는 영향," 한국관광레저학회,2015.
- "음식관광수요 및 소비행태에 관한 연구", 한국호텔리조트학회, 2016.
- "테마파크의 서비스스케이프가 고객만족, 구전의동 및 재방문에 미치는 영향", 관광경영학회, 2018.

창작조리를 위한 분자 요리

Molecular Cuisine

2019년 4월 10일 초판 인쇄
2019년 4월 15일 초판 발행

저　자 • 함동철

발행인 • 주병오 · 주민기

발행처 • 지구문화 JIGU CULTURE

경기도 파주시 문발동
파주출판문화정보산업단지 518－2

전화 • 영업팀 (031)955－7566／7577
편집팀 (031)955－7731
FAX • (031)955－7730
홈페이지 • www.ji-gu.co.kr
전자우편 • jigupub@hanmail.net

값 • 22,000원

ISBN 978－89－7006－856－5